DIE BESTEN REZEPTE

Powerdrinks

Variationen aus Obst und Gemüse

Abkürzungen

EL	Esslöffel	TK	Tiefkühl-...
TL	Teelöffel	kcal	Kilokalorien
kg	Kilogramm	kJ	Kilojoule
g	Gramm	EW	Eiweiß
mg	Milligramm	KH	Kohlenhydrate
l	Liter	F	Fett
ml	Milliliter	Bd.	Bund
cl	Zentiliter	Msp.	Messerspitze
gestr.	gestrichen	1 kJ = 0,239 kcal	
geh.	gehäuft	1 kcal = 4,184 kJ	

Die Rezepte sind für die angegebene Menge an Drinks, die Nährwert- und Energieangaben sind für 1 Drink bzw. 1 Person berechnet.

Powerdrinks

Rezeptteil

5 am Tag
OBST & GEMÜSE

Powerdrinks

Saft schafft Lebenskraft! Stimmt – denn zu Saft gepresstes Obst oder Gemüse ist Energiespender für Körper und Geist und zudem noch Lieferant lebenswichtiger Vitamine. Ob pur oder bunt gemixt – Genuss ist garantiert und durch eine gezielte Auswahl bekommt der Körper alles, was er braucht, um gesund, schlank und fit zu bleiben.

In vielen Städten etablieren sich eigens Saftbars, die sich nur auf die Zubereitung von Säften spezialisiert haben, und werden schon stark frequentiert. Verstehen kann man's ja. Säfte sind lecker, vielfältig und dann auch noch gesund. Doch Saft ist nicht gleich Saft. Beim Kauf sollte man die Verpackung daher genau studieren. Es gibt reine Säfte, Säfte aus Fruchtsaftkonzentrat und Nektar. Hinter diesem Begriffsdschungel verstecken sich z. T. eklatante Unterschiede. Saft darf sich nur Saft nennen, wenn er zu 100 % aus dem Saft der Frucht besteht. Säfte aus Fruchtsaftkonzentrat bestehen – wie der Name schon sagt – aus einem Konzentrat. Dieses wird nach dem Keltern gewonnen, indem man dem Saft das Wasser entzieht. Kurz vor dem Abfüllen in Flaschen wird es wieder mit Wasser verdünnt. Bei Nektar handelt es sich um einen verdünnten Saft, der zu mindestens 30 %, höchstens aber zu 50 % aus Saft besteht. Der Rest besteht aus Wasser und bis zu 20 % aus Zucker. Nektar bietet sich vor allem bei besonders säurehaltigen Obstsorten wie beispielsweise Johannisbeeren an, die in reiner Form zu sauer schmecken würden. Genauso wird mit sehr süßen Obstsorten wie z. B. Trauben oder dickflüssigen Säften wie Erdbeersaft verfahren, um sie genussfähiger zu machen.

Gute Gründe für ein saftiges Leben

Fit fürs Leben

Wer kennt das nicht – beim Wechsel von der warmen zur kalten Jahreszeit muss der Körper sich erst wieder an andere Umstände, wie nasskalte Luft draußen und trockene Heizungsluft drinnen, gewöhnen. Währenddessen ist er leichte Beute für Viren jeglicher Art. Eine Extraportion Vitamine kann daher nicht schaden, um den Körper fit zu machen gegen die heimtückischen Angreifer. Die allgemeine Faustregel für eine gesunde Ernährung lautet »5 am Tag« und meint, dass man verteilt über den Tag 5 Portionen Obst und Gemüse essen sollte.

Aber nicht immer hat man frisches Obst oder Gemüse zur Hand oder manchmal fehlt einfach die Zeit, dieses zuzubereiten. Dann ersetzt ein Glas Saft schnell eine Portion frisches Obst oder Gemüse – lassen Sie sich beim Mixen von den leckeren Powerdrinkrezepten inspirieren!

Energie an

So ein kleines Tief am Tag hat wohl jeder mal. Damit aber aus dem kleinen Durchhänger kein Dauerzustand wird, sollte man schnell etwas dagegen unternehmen. Fruchtzucker aus Obst beispielsweise ist ein hervorragender Energiespender. Er wird praktisch sofort vom Körper aufgenommen und in Energie umgewandelt. Saft ist hier eine angenehme Alternative zum Verzehr von Obst und oft genügt auch schon ein Glas, um wieder fit für den Tag zu sein.

Wasser marsch!

Die meisten Menschen trinken zu wenig. Das ist nicht nur schlecht für die Organe, sondern macht die Haut schlaff. Ernährungsexperten empfehlen 2–3 l Flüssigkeit pro Tag aufzunehmen. Das ist deshalb so wichtig, weil der Körper täglich ungefähr 2–2,5 l Wasser verliert. Wird das Wasserdepot durch Trinken nicht wieder aufgefüllt, ist eine Verdickung des Blutes die Folge und wertvolle Nährstoffe können nicht mehr so schnell zu den Zellen gelangen. Experten empfehlen zwar reines Wasser – aber mal ehrlich, wer schafft schon 3 l pures Wasser am Tag? Ein Glas reiner oder mit Wasser zu einer Schorle verdünnter Saft kann die Laune wieder aufhellen. Oft braucht man ja nur ein kleines bisschen Geschmack und schon ist 1 l Flüssigkeit keine unüberwindbare Hürde mehr.

Faltenlos altern

Wer hätte nichts dagegen einzuwenden, bis ins hohe Alter fit, agil und jung zu bleiben? Dass so etwas nicht von alleine kommt, versteht sich von selbst. Die Zauberformel dazu nennt sich Antioxidantien. In der Umwelt gibt es sogenannte freie Radikale, die Einfluss auf unseren Körper nehmen können und ihn schneller altern lassen. Spezielle Vitamine (A, C und E) bilden als Radikalfänger einen Schutz für den Körper vor diesem frühzeitigen Alterungsprozess. Es gilt nämlich als erwiesen, dass gesunde Ernährung und eine ausreichende Menge Flüssigkeit die Haut straff halten. Wer Säfte trinkt, kann also das Angenehme mit dem Nützlichen verbinden und ganz nebenbei auch noch eine geheime Schönheitskur machen – na bitte!

Saft macht eine gute Figur

Tomatensaft ist gesund und kann pikant gewürzt z. B. beim Abnehmen auch schon mal eine ganze Mahlzeit ersetzen, ohne dass man sich hungrig fühlt. Die leicht entwässernde Wirkung unterstützt den Prozess der Gewichtsreduktion. Für eine schmale Taille ist es ohnehin besser, Tomaten- und Gemüsesäfte zu favorisieren, da sie im Durchschnitt nur die Hälfte der Kalorien von Fruchtsäften haben. Manche Säfte wie etwa Selleriesaft haben eine entwässernde Wirkung und können dem Körper zu viel eingelagertes Wasser abtrotzen, was sich auch erfreulich auf die Anzeige der Waage niederschlägt.

Vitalstoffe – the most wanted

Vitamine gehören zur Familie der Vitalstoffe, die für den Körper wichtig sind, um gesund zu bleiben und die Immunabwehr zu stärken. Das Charakteristische bei Vitaminen ist, dass der Körper sie selbst nicht oder nur in unzureichendem Maß selbst herstellen kann. Sie müssen also durch Nahrung aufgenommen werden. Das wohl bekannteste Vitamin ist das Vitamin C. Daneben gibt es noch Vitamine der B-Gruppe (insgesamt 8).

Diese Vitamine werden direkt vom Körper aufgenommen. Andere sind fettlöslich und nur in Verbindung mit Fett für den Körper zu verwerten. Das sind die Vitamine A, D, E und K. Möhren enthalten Provitamin A (Betacarotin), welches vom Körper in Vitamin A umgewandelt wird. Es ist fettlöslich und sollte deshalb im Saft mit fetthaltigen Zutaten gemixt werden.

Ein weiteres Mitglied in der Familie der Vitalstoffe sind Mineralstoffe, diese wiederum unterteilt man in Mengen- und Spurenelemente. Bekannte Mengenelemente sind z. B. Kalzium, Magnesium und Kalium. Kalzium ist zuständig für gesunde Zähne und Knochen, Magnesium und Kalium für Nerven- und Muskelfunktionen.

Auch Natrium, Phosphor und Chlorid gehören zu den Mineralstoffen. Natrium reguliert den Wasserhaushalt des Körpers und ist sowohl für die Aufnahme als auch den Transport von Nährstoffen notwendig. Phosphor ist Bestandteil der Knochen sowie der Bausteine menschlicher Erbsubstanz. Beim Energiestoffwechsel und bei der Energieversorgung der Zellen spielt er eine wesentliche Rolle. Chlorid kümmert sich um die Aufrechterhaltung der Gewebespannung und kommt in der Magensäure vor.

Last but not least sind die Spurenelemente zu nennen. Sie machen mengenmäßig den kleinsten Teil der Vitalstoffe aus und sind den Mineralstoffen zugeordnet. Die bekanntesten unter ihnen sind Fluor, Eisen, Zink und Jod. Sie sind für lebenswichtige Stoffwechselfunktionen nötig und auch sie müssen über die Nahrung aufgenommen werden. Dies aber nur – wie der Name schon sagt – in ganz kleinen Mengen (Spuren).

Wie viel ist genug?

Natürlich weiß jeder, dass der Mensch Vitalstoffe benötigt, um leistungsfähig zu sein. Die benötigte Menge hängt von vielen Faktoren ab. So brauchen Sportler und Menschen, die sich täglich stark körperlich anstrengen, mehr als andere. Schwangere, Kinder und Jugendliche haben ebenfalls einen erhöhten Vitalstoffbedarf. Das Gleiche gilt bei Krankheit und Stress, um wieder fit zu werden.

Auch beim Einkauf der Saftzutaten kann man den Vitalstoffgehalt unterstützen, indem beispielsweise auf Saisonware zurückgegriffen wird.

Denn heutzutage kann man fast alle Obst- und Gemüsesorten das ganze Jahr über frisch kaufen. Aber frische Erdbeeren aus Marokko können im Winter niemals so viele Vitamine haben wie die heimischen Früchte während der Saison. Oft ist es daher klüger, außerhalb der Saison auf Tiefkühlware auszuweichen. Zumal die Optik der Früchte für die Güte des Saftes weniger entscheidend ist als der Geschmack und die Inhaltsstoffe.

Das Who's who der Vitaminbomben

Obst und Gemüse sind bekanntlich gesund. Manche Früchtchen haben es aber besonders in sich und werden deshalb hier angeführt.

Apfel

Gesundheit fängt mit A wie Apfel an. Und das hat genau 3 Gründe. Die dem Apfel spezifischen Pektine gehören zur Gruppe der Ballaststoffe, die die Verdauung anregen, die Ausscheidung von Giften und schädlichen Substanzen fördern und somit mitverantwortlich für eine gesunde Darmflora sind. Außerdem regulieren sie die Blutfett- und Blutzuckerwerte. Auch der Vitamin-C-Gehalt kann sich sehen lassen, differiert aber von Sorte zu Sorte. Deshalb ist es ratsam, auf alte Apfelsorten wie z. B. den Berlepsch zurückzugreifen. Verwertet man sogar noch die Schale mit, bekommt der Körper das wertvolle Quercetin und angelt sich den besten Abwehrsoldaten für das Immunsystem.

Banane

Bananen sind nicht nur vitamin-, sondern leider auch kalorienreich. Dafür sind sie aber auch doppelt lecker. Trinkbar sind sie am besten püriert und in Kombination mit Milch eine Genussgarantie. Mit ihnen kann man bittere oder saure Geschmacksrichtungen mildern. Und die inneren Werte stimmen auch: Der hohe Kaliumgehalt unterstützt die Funktionen des Nervensystems, eine entsprechende Portion Vitamin B_6 hilft dem Körper, widerstandsfähig zu bleiben. Sportler greifen auch gern auf Bananen zurück, da sie aufgrund ihres hohen Magnesiumgehalts schmerzhaften Muskelkrämpfen entgegenwirken.

Mango

Mangos sind längst keine unbekannten Exoten mehr. Neben ihrem hohen Anteil an Vitamin C verfügen sie über ausreichende Mengen an Provitamin A. Dieses ist wichtig für das Wachstum, Funktion und Aufbau von Haut und Schleimhäuten sowie für den Sehvorgang, weil es Baustein des Sehfarbstoffes ist.

Zitrusfrüchte

Zitrusfrüchte sind wohl die Klassiker, wenn es um Säfte geht. Außerdem werden sie oft mit anderen Zutaten gemischt, weil sie dem Getränk eine frische Note verleihen. Zu ihnen gehören u.a. Orangen, Zitronen, Limetten und Grapefruits. Diesen Früchten ist ein hoher Vitamin-C-Gehalt gemein, der stark macht gegen Viren jeglicher Art.

Avocado

Avocados gehören zur Gattung der Fruchtgemüse. Sie sind reich an Folsäure und Kalium. Mit einem Fettanteil von 25–30 % sind sie leider auch kleine Kalorienbomben. Allerdings ist ihr Fett leicht verdaulich und die ungesättigten Fettsäuren sind wertvoll für den Körper und vorbeugend gegen Arteriosklerose. Der hohe Anteil an Folsäure macht sie aus gesundheitlicher Sicht zu einer besonderen Frucht, da die meisten Menschen mit Folsäure häufig unterversorgt sind. Diese ist besonders wichtig für alle Wachstumsprozesse und die Blut- und Zellbildung. Das Fleisch lässt sich prima pürieren. Um Braunfärbungen zu vermeiden, fügt man am besten noch einen Spritzer Zitronensaft hinzu. Der Geschmack ist vornehm zurückhaltend, sodass sie auch gut mit anderen Sorten wie z. B. Tomaten kombiniert werden kann, ohne das Getränk geschmacklich zu dominieren.

Gurke

Gurken sind wie Erfrischungstücher für den Gaumen und geben Getränken den ultimativen Frischekick. Für den Trinkgenuss püriert man sie am besten. Neben dem hohen Genussfaktor besticht die Vitaminbilanz. Sind Gurken doch reich an Vitamin C, Kalium und Folsäure. Und dass sie dabei nur ganz wenige

Kalorien haben, freut natürlich besonders.

Möhre

Früher wurde einem immer gesagt: »Iss viele Möhren, dann musst du keine Brille tragen.« Das ist zwar eine Binsenweisheit, aber tatsächlich ist das in Möhren enthaltene Betacarotin, die Vorstufe von Vitamin A, gut für die Augen und unser Sehvermögen. Zudem hält es Haare, Nägel sowie Haut straff und schön.

Tomate

Die Tomate gehört wie die Avocado zur Familie der Fruchtgemüse. Kaum eine andere Frucht gibt es in so vielen Farben und Formen. Die klassische Tomate ist aber rot. Der rote Farbstoff Lycopin schützt als Radikalfänger vor bestimmten Krebsarten und wirkt dem Alterungsprozess entgegen. Das Erstaunliche ist, dass hier nicht die Frische zählt. Vielmehr erhöht sich der Lycopingehalt durch Reife und Erwärmung der Früchte. Also keine Scheu vor Konserven.

Gerätschaften

Für perfekte Säfte und Vitamindrinks bedarf es ein paar kleiner Geräte, die das saftige Leben leichter machen.

Entsafter

Entsafter werden dann benötigt, wenn die manuelle Kraft nicht mehr ausreicht, der Frucht den Saft zu entlocken, wie z. B. bei Äpfeln oder Möhren. Entsafter sind durch die Bank elektrisch und unterteilen sich in 2 Systeme – das Zentrifugensystem und das Presssystem. Beim Zentrifugensystem wird das Obst oder Gemüse durch eine Reibe zerkleinert, bevor der Saft in einer Zentrifuge herausgeschleudert wird. Beim Pressen wird das Saftgut erst zerquetscht und anschließend durch ein Sieb gepresst. Beide Systeme haben Vor- und Nachteile. Die Anschaffung der Zentrifuge ist im Verhältnis zur Saftpresse relativ günstig und die Ausbeute trotzdem gut. Nachteil ist, dass Zentrifugenpressen ziemlich laut sind. Durch das vorherige Zerkleinern gelangt viel Sauerstoff an das Obst, sodass es schnell zu oxidieren beginnt und braun wird. Zentrifugensäfte sollten deshalb schnell getrunken werden. Beim Kauf sollte man auf einen großen Einfüllstutzen achten, da man sonst das Obst oder Gemüse erst zerkleinern muss, bevor es in die Zentrifugenpresse kommt. Außerdem sollte man auf eine möglichst einfache Reinigung des Gerätes achten. Saftpressen haben eine bessere Saftausbeute als Zentrifugenpressen, sind solider in der Verarbeitung, aber auch wesentlich teurer in der Anschaffung. Zudem brauchen sie mehr Platz in der Küche und der Reinigungsaufwand ist höher. Saftpressen sind perfekt, wenn selbst zube-

Tipp

Frische Tomaten nicht im Kühlschrank, wo sie deutlich an Geschmack, Textur und Haltbarkeit verlieren, aufbewahren. Am besten bei 13–18 Grad lagern.

reitete Säfte oft getrunken werden.

Messer und Schneidebrett

Bevor man loslegen kann, muss man natürlich erst einmal ein Messer zur Hand nehmen und das Saftgut vorbereiten. Zum Entfernen der Obstschalen empfiehlt sich ein Sparschäler, da man mit ihm die Schale ruck, zuck ganz dünn abnehmen kann.

Beim Entkernen von Äpfeln z. B. kann ein sogenanntes Gemüsemesser ganz hilfreich sein. Es ist ein bisschen kleiner als normale Messer und hat eine gebogene Klinge. Manchmal kann ein Löffel aber auch besser als jedes Messer sein. Geht es nämlich um das Entkernen von Gurken oder Melonen, kratzt man einfach die halbierte Frucht mit einem Löffel aus.

Bei Schneidebrettern streiten sich selbst Experten, was denn nun besser ist: Holz, Glas, Marmor oder Plastik. Dabei ist es eigentlich egal, es ist nur wichtig, die Bretter nach jedem Gebrauch gründlich zu reinigen, da sich sonst Keime bilden können. Bevorzugt man für die Reinigung die Spülmaschine, dann ist man wohl am besten mit Glas- oder Marmorbrettern beraten, da ihnen die Hitze einer Spülmaschine am wenigsten anhaben kann.

Pürierstab oder Standmixer

Mit einem Pürierstab zerkleinert man Obst oder Gemüse durch scharfe kleine Messer, die sich wie Propeller drehen, zu einer breiigen Masse. Ein Standmixer verfährt nach dem gleichem Prinzip, nur dass man Obst oder Gemüse in einen speziellen Behälter gibt, der dann auf den Mixer aufgesetzt wird. Auch im Ergebnis lassen sich keine Unterschiede feststellen.

Shaker

Ein Shaker ist ein meist metallisches Gefäß mit einem Deckel, in den ein Sieb integriert ist. Er wird zur Herstellung von Mixgetränken verwendet, wobei die Flüssigkeit nach dem Mixen über ein Sieb abgeseiht wird. Durch Zugabe von Eiswürfeln entsteht dabei ein angenehmer Kühleffekt.

Zitruspresse

Wie der Name schon sagt, ist eine Zitruspresse für Zitrusfrüchte jeglicher Art gedacht. Diese werden halbiert und gegen einen Kolben gedrückt, welcher der Frucht den Saft entzieht. Dabei ist es eigentlich egal, ob man mechanisch oder elektrisch zu Werke geht. Bei großen Mengen ist eine elektrische Presse natürlich bequemer. Egal auf welches Medium man aber zurückgreift, in jedem Fall sollte man unmittelbar nach dem Auspressen die Presse von sämtlichen Rückständen säubern. Sind die nämlich erst einmal angetrocknet, hat man seine liebe Not, sie wieder loszuwerden.

Neues aus dem Saftladen

Säfte sind per se schon eine ziemlich wohltuende Angelegenheit. Mixt man sie aber noch mit anderen Ingredienzien, erlebt man sein gesundes Wunder.

Klassiker: Zu den Klassikern kann man wohl die Obst- und Gemüsesäfte und deren reine Saftmixvariationen zählen. Durch Zutaten wie Ingwer, belebende Gewürze oder Weizengras werden sie zur reinsten Vitalbombe. Neben den Vitaminen A, B, C, E, F und K enthält Weizengras sämtliche Mineralien und etliche andere Stoffe (lebendige Enzyme), die für den Körper wichtig sind.

Smoothie: Unter dem Begriff Smoothie versteht man püriertes Obst oder Gemüse, das bei Bedarf nur noch mit Flüssigkeit oder Milchprodukten verdünnt wird. Dadurch, dass das Obst oder das Gemüse vollständig püriert wird, bleiben alle Inhalts- und Ballaststoffe enthalten und ein Smoothie ist damit für den Körper genauso wertvoll wie eine entsprechende Portion Obst oder Gemüse.

Cocktails: In manchen Fällen kommt es aber auch auf die Mischung an. Cocktails sind nicht nur gefragt, wenn Alkohol im Spiel ist. Mit antialkoholischen Zutaten kann man genauso verführerische Drinks zubereiten. So kann man beispielsweise Ingwer als Würzmittel nutzen, der dem Getränk eine angenehme Schärfe verleiht – ideal als Aperitif, da Ingwer zugleich appetitanregend und lindernd wirkt und Übelkeit vorbeugt.

Shakes, Milch- und Molkegetränke: Unter einem klassischen Shake stellt man sich ein mit Milch zubereitetes Getränk vor. Immer mehr Menschen leiden jedoch unter Lactoseintoleranz und vertragen keine Kuhmilch. Diese Menschen müssen trotzdem nicht auf den Geschmack von Milch verzichten und können Kuhmilch einfach durch Sojamilch ersetzen. Die ist mittlerweile in allen Supermärkten erhältlich.

Joghurt kann Getränken eine besondere Geschmacksnote verleihen und den Körper mit wertvollen Stoffen wie Eiweiß und Vitaminen versorgen. Die im Joghurt enthaltene Milchsäure wirkt sich positiv auf die Darmflora aus.

Ebenso verhält es sich mit Kefir. Dabei handelt es sich um Milch, die mit Bakterien und Hefe versetzt wurde. Das Ergebnis ist ein cremiges Getränk mit säuerlichem Geschmack. Wie seine Vorgänger enthält es viele Vitamine und Mineralstoffe.

Bei Figurbewussten ist Molke ein beliebtes Getränk, da sie kaum Kalorien enthält. Sie ist eigentlich ein Abfallpro-

dukt, das bei der Käse- oder Quarkherstellung anfällt. Dabei hat sie es wirklich in sich: Sämtliche B-Vitamine sind hier vertreten und die Mineralstoffe kommen auch nicht zu kurz. Besonders der Kalziumgehalt ist hervorstechend. Damit führt eine Molkediät, bei der man beispielsweise täglich eine Hauptmahlzeit durch einen großen Molkedrink ersetzt, dank hochwertigem Eiweiß, Vitaminen und Mineralstoffen nicht zu einem Nährstoffdefizit.

Brottrunk und Kombucha:

Die Herstellung von Brottrunk geht auf einen Bäcker zurück, der Getreide vergoren hat. Dem Ergebnis sagt man magische Kräfte nach. Er soll Krankheitskeime im Körper abtöten können und Krankheiten lindern. Am besten mischt man den Trunk mit anderen Zutaten, da auch er einen säuerlichen Eigengeschmack hat.

In den letzten Jahren ist Kombucha ein fast schon mystisches Getränk geworden. Soll es doch das Leben verlängern, Krankheiten wie Krebs bekämpfen und auch noch schön machen. Die wenigsten wissen jedoch, dass Kombucha eigentlich ein Hefepilz ist und als Getränk nur mit Flüssigkeit versetzt wird. Er kommt aus China und hat dort eine lange Tradition. Tatsächlich regt er den Stoffwechsel an, enthält viele Vitamine und stärkt das Immunsystem.

Begrenzte Haltbarkeit

Da läuft einem schon beim Lesen das Wasser im Mund zusammen und man möchte am liebsten gleich zugreifen. Sollte man auch, denn die Lebensdauer von Säften ist begrenzt. Je frischer sie zubereitet wurden, desto schneller sollten sie auch getrunken werden, da Vitamine sich nicht lange halten und außerdem licht- und hitzeempfindlich sind. Am ehesten lassen sie sich noch im Kühlschrank lagern.

Hier noch ein Hinweis zum Rezeptteil:

Ein Teil der Rezepte kann sowohl mit selbst hergestellten Obst- und Gemüsesäften, als auch mit gekauften zubereitet werden. Für diese Rezepte ist die Saftmenge in ml bzw. l angegeben. Für Rezepte, die aus frischem Obst und Gemüse zubereitet werden, sind die Obst- und Gemüsemengen in g bzw. kg oder Stückzahl angegeben. Normalerweise rechnet man die doppelte Menge Früchte oder Gemüse zur Saftgewinnung. Für 1 l Saft benötigt man also 2 kg Rohmaterial. Pro Person rechnet man für ein großes Glas 200–250 ml Saft, für ein kleines 1/8 l Saft.

Und nun viel Spaß mit den leckeren Drinkrezepten!

Tipp

Wollen Sie Ihren Powerdrink ins Büro oder für unterwegs mitnehmen, füllen Sie ihn einfach in eine Thermoskanne!

Bunte Saft-kreationen

Scharfer Gemüsedrink (Abb. S. 13)

Zutaten:
150 ml Orangensaft
100 ml Gemüsesaft
1–2 TL Zitronensaft
einige Spritzer Tabasco
1 kleine Möhre mit Grün zum Garnieren

Nährwerte pro Drink:
115/483 kcal/kJ
4 g EW, 1 g F, 21 g KH

1 Orangen- und Gemüsesaft mit Zitronensaft und Tabasco gut verrühren. Tabasco dabei vorsichtig dosieren.

2 Drink in ein Glas geben. Möhre schälen, das Grün kürzen und das Ganze als »Rührer« in den Drink stellen oder Möhrenscheiben auf den Glasrand stecken. Sofort servieren.

3 Ergibt 1 Drink.

Zubereitungszeit: 5 Min.

Pfirsich-Rhabarber-Saft

Zutaten:
600 g saftige Pfirsiche
4 dicke Stangen Rhabarber
1 Msp. Vanillepulver

Nährwerte pro Drink:
81/340 kcal/kJ
2 g EW, 0 g F, 15 g KH

1 Pfirsiche waschen, halbieren, Kerne auslösen und Fruchtfleisch in Stücke schneiden. Rhabarber abziehen und in grobe Stücke schneiden. Pfirsich- und Rhabarberstücke entsaften.

2 Saft mit Vanillepulver abschmecken, in Gläser füllen und servieren.

3 Ergibt 4 Drinks.

Zubereitungszeit: 15 Min.

Rettichcocktail

Zutaten:
1 kg Rettich
4 saftige Äpfel
1 Zwiebel
1 EL Zitronensaft
1 Msp. Salz
1 Msp. Zucker

Nährwerte pro Drink:
107/449 kcal/kJ
3 g EW, 1 g F, 21 g KH

1 Rettich schälen und in Stücke schneiden. Äpfel waschen, vierteln und vom Kerngehäuse befreien. Zwiebel schälen und grob zerkleinern.

2 Rettich, Äpfel und Zwiebel entsaften. Säfte mischen und mit Zitronensaft, Salz und Zucker würzen. Saft in Gläser füllen und frisch servieren.

3 Ergibt 4 Drinks.

Zubereitungszeit: 15 Min.

Sauerkraut-Orangen-Drink

Zutaten:
1 Orange
1 EL Honig
200 ml Sauerkrautsaft

Zubereitungszeit:
10 Min.

1 Orange auspressen und Saft erwärmen. Honig einrühren. Anschließend mit dem Sauerkrautsaft verrühren.

2 In Gläser füllen und lauwarm servieren.

3 Ergibt 2 Drinks.

Nährwerte pro Drink:
62/260 kcal/kJ
2 g EW, 10 g F, 11 g KH

Rote-Bete-Sellerie-Mix

1 Ingwer schälen, fein reiben. Sellerie sowie Rote Bete schälen (am besten Küchenhandschuhe tragen) und klein schneiden.

2 Sellerie und Rote Bete entsaften. Saftmix mit Zitronensaft, -schale und Ingwer gut vermischen. Zitronenmelisse waschen, trocken schütteln und in feine Streifen schneiden, anschließend unterrühren.

3 Drink mit Apfelsaft auffüllen und auf Gläser verteilen. Nach Wunsch mit Rote-Bete-Scheiben garnieren und sofort genießen.

4 Ergibt 2 Drinks.

Zutaten:
1 Stück frischer Ingwer
150 g Knollensellerie
1 Rote Bete
Saft und abgeriebene Schale von 1 Zitrone (unbehandelt)
2 Stängel Zitronenmelisse
100 ml Apfelsaft
Rote-Bete-Scheiben zum Garnieren

Zubereitungszeit:
20 Min.

Nährwerte pro Drink:
106/445 kcal/kJ
3 g EW
1 g F
20 g KH

Tipp

Rote Bete enthält viel Karotin, Kalzium, Magnesium sowie Eisen und wirkt blutbildend und -reinigend. Sellerie enthält Kalium, Kalzium, Vitamin B_6 sowie Proteine und wirkt entwässernd.

Tomaten-Artischocken-Mix

Zutaten:
200 ml Tomatensaft
3 EL Artischockensaft
1/2 Zitrone
weißer Pfeffer
Selleriesalz
1 TL Zitronensaft
1 EL Petersilie, fein gehackt

Zubereitungszeit:
5 Min.

Nährwerte pro Drink:
49/205 kcal/kJ
2 g EW
0 g F
8 g KH

1 Tomaten- und Artischockensaft gut verrühren. Zitrone auspressen, Saft gut untermischen. Mit Pfeffer und Selleriesalz pikant abschmecken.

2 Glasrand nach Wunsch zuerst mit Zitronensaft befeuchten, anschließend in Petersilie tunken. Drink in das vorbereitete Glas füllen. Gut gekühlt oder mit Eiswürfeln sofort servieren.

3 Ergibt 1 Drink.

Tipp

Servieren Sie bunte Gemüsespießchen aus Tomaten-, Gurken- und Paprikascheiben dazu.

Zutaten:
4 Äpfel (ca. 1/2 kg)
2 Bd. Petersilie
10–12 Blättchen Pfefferminze
2 TL Öl
Stangensellerie zum Garnieren

Apfel-Petersilien-Saft

1 Äpfel waschen, vom Kerngehäuse befreien, in Stücke schneiden und entsaften.

2 Petersilie waschen, trocken schütteln und Blättchen von den Stängeln zupfen. Minzeblättchen waschen, trocken schütteln und mit der Petersilie sowie etwas Apfelsaft im Mixer fein zerhacken. Restlichen Saft zugeben und mit dem Öl unter die Kräuter mixen.

3 Drink in Gläser füllen. Nach Wunsch Stangensellerie als »Rührer« in den Drink geben. Gut gekühlt und frisch servieren.

4 Ergibt 2 Drinks.

Zubereitungszeit: 20 Min.

Nährwerte pro Drink:
376/1579 kcal/kJ
6 g EW, 10 g F, 64 g KH

Tipp

Petersiliensaft wird auch als Frischpflanzenpresssaft angeboten und zählt dann laut Gesetz zu den freiverkäuflichen Arzneimitteln. Er wirkt harntreibend und entwässernd.

Kiwitraum

Zutaten:
200 g Kiwi
200 ml Ananassaft
200 ml Apfelsaft
Apfelspalten zum Garnieren

Zubereitungszeit:
10 Min

1 Kiwis schälen und pürieren. Mit den Säften gut mischen.

2 Saftmix in Gläser füllen und mit Apfelspalten garnieren. Kühl servieren.

3 Ergibt 2 Drinks.

Nährwerte pro Drink:
180/756 kcal/kJ
2 g EW, 1 g F, 37 g KH

Sauerkrautmix

Zutaten:
4 saftige Äpfel
8 reife Tomaten
400 ml Sauerkrautsaft
1 Msp. Kümmelpulver
1 EL Petersilie, fein gehackt

Nährwerte pro Drink:
107/449 kcal/kJ
3 g EW, 1 g F, 19 g KH

1 Äpfel waschen, vierteln und vom Kerngehäuse befreien. Tomaten waschen, vom Stielansatz befreien und vierteln. Äpfel und Tomaten entsaften.

2 Tomaten- und Apfelsaft mit Sauerkrautsaft mischen und mit Kümmelpulver abschmecken. In Gläser füllen, mit Petersilie bestreuen und frisch servieren.

3 Ergibt 4 Drinks.

Zubereitungszeit: 15 Min.

Pikanter Paprika-Sellerie-Mix

1 Sellerie schälen. Paprika halbieren, entkernen und waschen. 2 dünne Streifen abschneiden und zum Garnieren beiseitelegen. Sellerie und restliche Paprika in Stücke schneiden.

2 Sellerie und Paprika im Entsafter entsaften. Saftmix mit Salz und einigen Spritzern Tabasco würzen, alles nochmals gut verrühren und in Gläser füllen. Bei Bedarf mit Mineralwasser auffüllen und mit Zitronenmelisse und Paprikastreifen garniert servieren.

3 Ergibt 2 Drinks.

Zutaten:
ca. 500 g Knollensellerie
2 gelbe Paprikaschoten
Salz
Tabasco
Mineralwasser zum Auffüllen
Zitronenmelisse zum Garnieren

Zubereitungszeit:
15 Min.

Nährwerte pro Drink:
94/395 kcal/kJ
6 g EW
1 g F
14 g KH

Tipp

Paprika ist ein wichtiger Lieferant von Vitamin C. Die Farbstoffe des Paprika zählen zu den Carotinoiden und Flavonoiden. Diese sekundären Pflanzeninhaltsstoffe senken das Krebsrisiko, stimulieren das Immunsystem und beugen außerdem Herz-Kreislauf-Erkrankungen vor.

Zutaten:
4 TL frische Preiselbeeren oder Cranberrys
1 EL Weizengrassaft
1/2 l rosa Grapefruitsaft
Saft von 1/2 Zitrone
1/2 l Sodawasser
Weizengras zum Garnieren

Zubereitungszeit:
15 Min.

Nährwerte pro Drink:
66/277 kcal/kJ
1 g EW
0 g F
11 g KH

Grapefruit-Preiselbeer-Mix mit Weizengrassaft

1 Preiselbeeren oder Cranberrys etwas zerdrücken, mit Weizengrassaft kurz mixen. Anschließend mit Grapefruit- und Zitronensaft gut mischen.

2 Fruchtmix auf Gläser verteilen. Gut verrühren und mit Sodawasser auffüllen. Mit Weizengras garnieren und sofort frisch servieren.

3 Ergibt 4 Drinks.

Kartoffel-Sellerie-Drink

Zutaten:
400 g Kartoffeln
1,5 kg Knollensellerie
etwas Selleriegrün
Kräutersalz
1 Msp. Kümmelpulver

1 Kartoffeln und Sellerie schälen und in Stücke schneiden. Beides mit dem Selleriegrün entsaften.

2 Saft mit Kräutersalz und Kümmelpulver würzen. In Gläser füllen und frisch servieren.

3 Ergibt 4 Drinks.

Zubereitungszeit:
15 Min.

Nährwerte pro Drink:
152/638 kcal/kJ
9 g EW, 1 g F, 24 g KH

Orange-Muskat-Mix

1 Orangensaft, Pfirsichnektar und Mangosirup mit 8 großen Eiswürfeln gut verrühren oder in einen Shaker geben und gut schütteln.

2 Drink auf Gläser verteilen, mit Muskatnuss bestreuen. Kumquats waschen, nach Wunsch halbieren oder in Scheiben schneiden, auf ein Holzspießchen stecken und in den Drink geben. Mit Minze garnieren und sofort servieren.

3 Ergibt 4 Drinks.

Zutaten:
600 ml Orangensaft
400 ml Pfirsichnektar
4 EL Mangosirup
Muskatnuss, frisch gerieben
Kumquats und Minze zum Garnieren

Zubereitungszeit:
10 Min.

Nährwerte pro Drink:
159/668 kcal/kJ
2 g EW
1 g F
33 g KH

Tipp

Kumquats – auch Zwergorangen genannt – sind reich an Kalzium und Vitamin C und können tiefgefroren auch anstelle von Eiswürfeln benutzt werden.

Teriyaki-Gemüse-Drink

Zutaten:
3/4 l eiskalter Gemüsesaft
6 EL Teriyaki für Gemüse
1–2 Stängel frische Minze oder Basilikum
schwarzer Pfeffer aus der Mühle
4 Gurkensticks zum Garnieren

Nährwerte pro Drink:
98/411 kcal/kJ
5 g EW
0 g F
15 g KH

1 1/4 l Gemüsesaft am Vorabend in einen Eiswürfelbereiter geben und im Gefrierfach tiefkühlen.

2 Restlichen Gemüsesaft mit Teriyaki in einen Mixer geben und auf höchster Stufe 3 Minuten lang mixen.

3 4–8 der vorbereiteten Eiswürfel beiseitelegen. Die restlichen Gemüsesafteiswürfel grob zerkleinern, zum Drink geben und diesen noch cinmal gut durchmixen.

4 Minze oder Basilikum waschen, trocken schütteln, 4 Doppelblättchen beiseitelegen. Die restlichen Blättchen von den Stängeln zupfen und sehr klein hacken. In den fertigen Drink geben und mit einem Löffel umrühren, nicht mehr mixen. Mit frischem Pfeffer würzen.

5 Den Drink in gekühlte Gläser füllen und jeweils 1–2 Eiswürfel hinzufügen. Mit Gurkensticks und Kräuterblättchen garnieren.

6 Ergibt 4 Drinks.

Zubereitungszeit:
20 Min.

Beeren-Minze-Saft (Abb. rechts)

Zutaten:
100 g Erdbeeren
100 g Himbeeren
2 Stängel Minze
1 TL Bourbon-Vanillezucker
1 EL Zitronensaft
1/2 l Apfelsaft

Zubereitungszeit:
10 Min.

Nährwerte pro Drink:
118/496 kcal/kJ
1 g EW
1 g F
24 g KH

1 Beeren waschen, 2 Erdbeeren und 6 Himbeeren beiseitelegen. Minze waschen, trocken schütteln, Blättchen von den Stängeln zupfen und 2 davon beiseitelegen. Beeren, Minze und Zucker im Mixer pürieren, Zitronen- und Apfelsaft zugeben.

2 Restliche Erdbeeren halbieren und mit Himbeeren auf Holzspieße stecken. Je 2 Eiswürfel in Gläser geben, Drink einfüllen, Spieße darauflegen und mit Minze garnieren.

3 Ergibt 2 Drinks.

Fitnessmix (Abb. links)

Zutaten:
8 Erdbeeren
120 ml Papayavollfruchtsaft (Reformhaus)
100 ml Orangensaft
100 ml Ananassaft

1 Erdbeeren waschen, putzen, 2 Früchte zur Seite legen. Restliche Erdbeeren im Mixer fein pürieren, Fruchtsäfte zugeben.

2 Saftmix in mit je 2 Eiswürfeln gefüllte Gläser geben, gut verrühren und jeweils mit 1 Erdbeere garnieren.

3 Ergibt 2 Drinks.

Zubereitungszeit:
10 Min.

Nährwerte pro Drink:
78/328 kcal/kJ
1 g EW, 0 g F, 16 g KH

Morgenpush

Zutaten:
150 ml Orangensaft
50 ml Grapefruitsaft
3 EL Acerolasaft
gemahlener Koriander

Zubereitungszeit: 5 Min.

1 Orangen-, Grapefruit- sowie Acerolasaft mischen und mit Koriander würzen. Sofort servieren.

2 Ergibt 1 Drink.

Nährwerte pro Drink:
111/466 kcal/kJ
2 g EW, 1 g F, 20 g KH

Kürbismix

Zutaten:
750 g Kürbis
400 g Gurke
400 g Äpfel
1 Zitrone
2 EL Apfeldicksaft

Nährwerte pro Drink:
142/596 kcal/kJ
4 g EW, 1 g F, 27 g KH

1 Kürbis schälen, von den Kernen befreien und klein schneiden. Gurke schälen und in Stücke schneiden. Äpfel schälen, vierteln und vom Kerngehäuse befreien. Kürbis-, Gurken- und Apfelstücke entsaften. Zitrone auspressen.

2 Alle Säfte gut vermischen, mit Apfeldicksaft abschmecken, in Gläser füllen und frisch servieren.

3 Ergibt 4 Drinks.

Zubereitungszeit: 20 Min.

Jungbrunnen

Zutaten:
400 g Spinatblätter
600 g Möhren
4 saftige Äpfel

Nährwerte pro Drink:
144/606 kcal/kJ
4 g EW, 1 g F, 27 g KH

1 Spinat verlesen, waschen und trocken schütteln. Möhren waschen, putzen, evtl. schälen und in Stücke schneiden. Äpfel waschen, vom Kerngehäuse befreien und in kleine Stücke schneiden.

2 Spinat, Möhren und Äpfel entsaften. Saftmix in Gläser füllen und sofort servieren.

3 Ergibt 4 Drinks.

Zubereitungszeit: 15 Min.

Tomaten-Zwiebel-Mix

Zutaten:
8 reife Tomaten
4 Zwiebeln
1 Bd. Petersilie
Kräutersalz
Pfeffer aus der Mühle

Nährwerte pro Drink:
46/193 kcal/kJ
3 g EW, 0 g F, 7 g KH

1 Tomaten waschen, vom Stielansatz befreien und in Stücke schneiden. Zwiebeln schälen und achteln. Petersilie waschen, trocken schütteln und grob zerpflücken.

2 Tomaten, Zwiebeln und Petersilie entsaften. Säfte gut vermischen, mit wenig Salz abschmecken. In Gläser füllen, leicht mit Pfeffer übermahlen und frisch servieren.

3 Ergibt 4 Drinks.

Zubereitungszeit: 15 Min.

Smoothies & pürierte Drinks

Erdbeer-Melonen-Smoothie
(Abb. S. 25)

Zutaten:
800 g Erdbeeren
200 g Honigmelone
4 Saftorangen
4 EL Crème fraîche

Nährwerte pro Drink:
165/692 kcal/kJ
4 g EW, 4 g F, 25 g KH

1 Erdbeeren waschen, putzen und klein schneiden. Honigmelone vierteln, entkernen, Fruchtfleisch von der Schale lösen und in Stücke schneiden. Orangen auspressen.

2 Fruchtstücke mit Orangensaft im Mixer pürieren. Drink auf Gläser verteilen, jeweils 1 EL Crème fraîche daraufgeben und nach Wunsch mit einem Holzstäbchen zum Umrühren servieren.

3 Ergibt 4 Drinks.

Zubereitungszeit: 20 Min.

Fruchtsmoothie »Summertime«

Zutaten:
200 g Pfirsiche oder Nektarinen
300 g Möhren
75 g Crème fraîche
1/2 l Orangensaft
2 Limetten

Zubereitungszeit:
15 Min.

Nährwerte pro Drink:
336/1411 kcal/kJ
6 g EW, 15 g F, 38 g KH

1 Pfirsiche oder Nektarinen waschen, trocken reiben, halbieren, vom Stein lösen und in kleine Stücke schneiden. Möhren waschen, putzen, evtl. schälen und in kleine Stücke schneiden.

2 Frucht- und Möhrenstücke mit Crème fraîche und knapp 1/3 des Orangensaftes im Mixer fein pürieren. Nach und nach übrigen Orangensaft zufügen und untermixen.

3 Limetten heiß waschen, trocken reiben, in Scheiben schneiden und diese vierteln. Smoothie in Gläser füllen, Limettenscheiben hineingeben und nach Wunsch als Garnitur an den Glasrand stecken.

4 Ergibt 2 Drinks.

Kirsch-Kokos-Smoothie

Zutaten:
300 g frische Kirschen (oder 250 g TK-Kirschen)
2 EL Kokossirup
1 Limette
etwas Zitronensaft
1 TL Kokosraspel
1 Kirsche zum Garnieren

Nährwerte pro Drink:
410/1722 kcal/kJ
4 g EW, 8 g F, 77 g KH

1 Frische Kirschen waschen, entsteinen und gut kühlen. TK-Früchte antauen lassen. Kirschen mit Kokossirup im Mixer oder mit dem Stabmixer fein pürieren. Limette auspressen und Smoothie mit dem Saft abschmecken.

2 Glasrand zuerst in eine Untertasse mit etwas Zitronensaft tauchen, dann in eine Untertasse mit Kokosraspeln tunken. Fruchtmix in das Glas einfüllen, nach Wunsch mit einer Kirsche garnieren. Sofort servieren.

3 Ergibt 1 Drink.

Zubereitungszeit: 10 Min.

Avocado-Erdnuss-Drink

Zutaten:
1 reife Avocado
2 Stängel Koriander
3 EL Zitronensaft
100 g Joghurt
1 EL Erdnusscreme
Salz
Paprikapulver rosenscharf
200 ml Mineralwasser

Zubereitungszeit: 15 Min.

Nährwerte pro Drink:
262/1100 kcal/kJ
6 g EW
22 g F
9 g KH

1 Avocado halbieren, Stein entfernen, Fruchtfleisch mit einem Löffel aus der Schale lösen und klein schneiden. Korianderblättchen von den Stängeln zupfen, waschen, trocken schütteln, einige zum Garnieren beiseitelegen.

2 Restlichen Koriander mit Avocadostückchen, Zitronensaft, Joghurt und Erdnusscreme pürieren, mit Salz und Paprikapulver pikant abschmecken. Mineralwasser zugießen und kurz verrühren.

3 Drink in Gläser füllen, mit restlichen Korianderblättchen garnieren und mit etwas Paprikapulver bestreuen. Sofort servieren.

4 Ergibt 2 Drinks.

Himbeersmoothie

Zutaten:
200 g Himbeeren
300 g fettarmer Joghurt
2 TL Vanillinzucker
frische Minzeblättchen zum Garnieren

Nährwerte pro Drink:
138/580 kcal/kJ
6 g EW, 2 g F, 20 g KH

1 Himbeeren verlesen und waschen. Die Hälfte der Himbeeren mit Joghurt im Mixer oder mit dem Pürierstab fein pürieren, mit Vanillinzucker abschmecken und in ein Glas füllen.

2 Die restlichen Himbeeren leicht zerdrücken und unter den Joghurt ziehen. Mit frischer Minze garniert servieren.

3 Ergibt 1 Drink.

Zubereitungszeit: 10 Min.

Zutaten:
2 grüne Kiwis
2 gelbe Kiwis
8 EL Orangensaft
150 g Himbeeren

Zubereitungszeit:
40 Min.

Nährwerte pro Drink:
68/288 kcal/kJ
0 g EW
0 g F
12 g KH

Vitaminampel

1 Kiwis schälen und in Scheiben schneiden. Grüne Kiwischeiben in der Küchenmaschine mit 2 EL Orangensaft vermischen. Zu einer gleichmäßigen Masse pürieren, die Kiwikerne sollten möglichst intakt bleiben. In 2 Gläser einfüllen.

2 Gelbe Kiwischeiben in eine saubere Küchenmaschine geben, mit 4 EL Orangensaft vermischen und pürieren, bis eine gleichmäßige Masse entsteht. Diese Mischung entlang einem Löffelrücken über die grüne Kiwimischung gießen.

3 Himbeeren mit restlichem Orangensaft pürieren, bis die Masse eine gleichmäßige Konsistenz hat. Diese Mischung entlang einem Löffelrücken über das gelbe Kiwipüree gießen. Auf diese Weise entstehen 3 verschiedene Schichten. Sofort servieren.

4 Ergibt 2 Drinks.

Tipp

Kiwis sind reif, wenn sie auf leichten Fingerdruck nachgeben.

Bananen-Pfirsich-Smoothie

1 Banane schälen, klein schneiden und zusammen mit den zerkleinerten Pfirsichen und dem Grapefruitsaft im Mixer oder mit dem Pürierstab fein pürieren. Mit Zitronensaft abschmecken.

2 Fruchtmix in ein Glas füllen, mit Minze garnieren und frisch servieren.

3 Ergibt 1 Drink.

Zubereitungszeit: 10 Min.

Zutaten:
1 Banane
3 halbe Pfirsiche (Dose)
100 ml Grapefruitsaft
1 Spritzer Zitronensaft
Minze zum Garnieren

Nährwerte pro Drink:
283/1189 kcal/kJ
3 g EW, 1 g F, 62 g KH

Mangosmoothie

1 Mango schälen, Fruchtfleisch vom Kern lösen und in kleine Stücke schneiden. Im Mixer mit 1 Hand voll Crushed Ice pürieren. Limettensaft einrühren und nochmals kurz durchmixen.

2 Fruchtmix auf Gläser verteilen und mit Mineralwasser auffüllen. Mit Mangospalten und Minzestängeln garnieren. Sofort servieren.

3 Ergibt 2 Drinks.

Zutaten:
1 reife Mango
4 cl Limettensaft
Mineralwasser zum Auffüllen
je 2 Mangospalten und Minzestängel zum Garnieren

Zubereitungszeit:
15 Min.

Nährwerte pro Drink:
70/294 kcal/kJ
1 g EW
1 g F
14 g KH

Tipp

Probieren Sie auch die »passionierte« Version des Mangosmoothies: einfach Fruchtfleisch von 2 Passionsfrüchten mit in den Mixer geben.

Zutaten:
3 Kiwis
1 Banane
400 ml Orangensaft
4 EL Instantflocken
(z. B. von Kölln)

Zubereitungszeit:
10 Min.

Nährwerte pro Drink:
214/895 kcal/kJ
4 g EW, 2 g F, 46 g KH

Exotischer Frühstückscocktail

1 Kiwis schälen, klein schneiden und zusammen mit der geschälten und in Scheiben geschnittenen Banane pürieren. Orangensaft sowie Instantflocken einrühren und 30 Minuten kalt stellen.

2 Fruchtmix auf Gläser verteilen und servieren.

3 Ergibt 2 Drinks.

Zutaten:
1 Granatapfel, 2 Birnen
150 g fettarmer Joghurt
1 Prise Zimt
2 TL flüssiger Honig
2 EL Zitronensaft
Melisse zum Garnieren

Zubereitungszeit:
15 Min.

Nährwerte pro Drink:
247/1037 kcal/kJ
5 g EW, 1 g F, 52 g KH

Birnensmoothie mit Granatapfel

1 Granatapfel halbieren und mit einer Zitruspresse entsaften. Birnen schälen, vom Kerngehäuse befreien und grob würfeln. Fruchtstücke mit Joghurt, Zimt, Honig, Granatapfel- und Zitronensaft im Mixer pürieren. 4 Eiswürfel zugeben und nochmals kurz durchmixen.

2 Fruchtmix in Gläser füllen, mit Melisse garnieren und frisch servieren.

3 Ergibt 2 Drinks.

Gemüsemixsmoothie

1 Tomaten kurz blanchieren, abschrecken und häuten. Tomaten vom Stielansatz befreien, vierteln, entkernen und grob zerkleinern. Paprikaschote waschen, entkernen, grob würfeln. Möhren und Sellerie schälen, putzen und beides klein schneiden.

2 Alle vorbereiteten Zutaten in einen Mixer geben. Joghurt und Orangensaft zugeben und pürieren. Mit Salz und Cayennepfeffer würzen. 1 Handvoll Crushed Ice zugeben und weiter pürieren.

3 Gemüsemix in Gläser füllen, mit Stangensellerie garnieren und sofort servieren.

4 Ergibt 4 Drinks.

Nährwerte pro Drink:
80/336 kcal/kJ
3 g EW, 2 g F, 10 g KH

Zutaten:
2 Tomaten
1 gelbe Paprika
200 g Möhren
200 g Stangensellerie
200 g Joghurt
100 ml Orangensaft
Salz, Cayennepfeffer
Stangensellerie zum Garnieren

Zubereitungszeit:
15 Min.

Vollkorn-Fitness-Drink

1 Bananen schälen und mit einer Gabel zerdrücken. Zusammen mit dem Möhren-, Orangen- und Zitronensaft pürieren. Instantflocken einrühren und mit Honig süßen.

2 Drink in Gläser füllen und gut gekühlt servieren.

3 Ergibt 4 Drinks.

Zubereitungszeit: 10 Min.

Zutaten:
2 große Bananen
400 ml Möhrensaft
200 ml Orangensaft
Saft von 1 Zitrone
6 EL Instantflocken
2 EL Honig

Nährwerte pro Drink:
277/1166 kcal/kJ
4 g EW
9 g F
45 g KH

Zutaten:
400 g gemischte Beeren (Heidelbeeren, Brombeeren, Johannisbeeren, Himbeeren)
50 g Amarettini
50 g Zucker
1 reife Banane
3/4 l Milch
2 Tropfen Vanillearoma

Zubereitungszeit:
20 Min.

Nährwerte pro Drink:
277/1163 kcal/kJ
8 g EW
9 g F
40 g KH

Beerensmoothie mit Amarettinikrokant

1 Beeren am Vortag verlesen, waschen und einfrieren.

2 Amarettini fein zerbröseln. Zucker in einer beschichteten Pfanne erhitzen, bis er schmilzt. Amarettinibrösel hinzugeben und bei schwacher Hitze unter ständigem, vorsichtigem Rühren kochen, bis die Masse eine goldbraune Farbe annimmt.

3 Die Pfanne sofort von der Flamme nehmen und die

Tipp

Rote Johannisbeeren gehören zu unseren säurereichsten Früchten und liefern reichlich Vitamin C und wichtige Ballaststoffe.

Masse auf ein leicht geöltes Blech, oder wenn vorhanden auf eine Marmorplatte, gießen. Die Masse verstreichen und stehen lassen, bis sie erstarrt und kalt ist, dann in Stücke brechen.

4 Gefrorene Beeren und geschälte Banane im Mixer pürieren, dabei die Milch und das Vanillearoma einlaufen lassen.

5 Den Drink in Gläser füllen, Amarettinikrokant darauf verteilen und servieren.

6 Ergibt 4 Drinks.

Fruchtmixsmoothie

1 Erdbeeren waschen, putzen und klein schneiden. Honigmelone vierteln, entkernen, Fruchtfleisch von der Schale lösen und in Stücke schneiden. Nektarinen waschen, halbieren, Stein auslösen und die Früchte klein schneiden.

2 Obststücke mit Zitronensaft im Mixer pürieren. Drink auf Gläser verteilen, jeweils mit 1 Erdbeere garnieren. Sofort servieren.

3 Ergibt 4 Drinks.

Zutaten:
300 g Erdbeeren
400 g Honigmelone
300 g Nektarinen
1 EL Zitronensaft
4 Erdbeeren zum Garnieren

Zubereitungszeit:
20 Min.

Nährwerte pro Drink:
97/407 kcal/kJ
2 g EW
0 g F
20 g KH

Mandel-Mango-Smoothie

Zutaten:
3 Bananen
1 große Mango (ca. 350 g)
1/2 l Orangensaft
40 g Mandelblättchen
1–2 EL Agavendicksaft (Reformhaus, ersatzweise Honig)
Zitronenmelisse zum Garnieren

Zubereitungszeit:
30 Min.

Nährwerte pro Drink:
250/1047 kcal/kJ
4 g EW
6 g F
42 g KH

1 Bananen schälen und in 1 cm dicke Scheiben schneiden. Bananenscheiben einfrieren.

2 Mango schälen und Fruchtfleisch vom Stein schneiden, ein paar Schnitze zum Garnieren beiseitelegen. Restliches Mangofleisch würfeln und ebenfalls einfrieren. Orangensaft kalt stellen.

3 Mandelblättchen in einer Pfanne ohne Fett unter Rühren hellbraun rösten, auf einem Teller abkühlen lassen.

4 Bananen- und Mangostücke mit Orangensaft, Mandelblättchen und Agavendicksaft in einen Mixer geben und gut durchmixen.

5 Smoothie auf Gläser verteilen und mit Mangoschnitzen und Zitronenmelisse garnieren. Sofort servieren.

6 Ergibt 4 Drinks.

Tipp

Der Gehalt an Kalzium, Magnesium und Kalium ist unter allen Nüssen bei den Mandeln am höchsten.

Avocado-Tomaten-Smoothie

1 Avocado halbieren, Stein entfernen und Fruchtfleisch mit einem Löffel aus der Schale lösen. Basilikumblättchen waschen, trocken schütteln und klein schneiden.

2 Avocadofruchtfleisch in kleine Stücke schneiden und mit Zitronensaft, Tomatensaft, 4 Eiswürfeln und den Basilikumstreifen pürieren. Mit Salz, Pfeffer und einigen Spritzern Tabasco abschmecken. Anschließend in hohe Gläser füllen. Mit Basilikum garnieren und frisch servieren.

3 Ergibt 2 Drinks.

Zutaten:
1 kleine reife Avocado
8 Blätter Basilikum
Saft von 1/2 Zitrone
400 ml Tomatensaft
Salz
Pfeffer aus der Mühle
Tabasco
Basilikum zum Garnieren

Zubereitungszeit:
15 Min.

Nährwerte pro Drink:
267/1121 kcal/kJ
4 g EW
24 g F
8 g KH

Tipp

Dazu passt dunkles Vollkorngebäck.

Brombeersmoothie

Zutaten:
75 g Brombeeren
125 g Joghurt
1 TL Weizenkeime
1 TL Bourbon-Vanillezucker, Zitronensaft

Nährwerte pro Drink:
231/967 kcal/kJ
8 g EW, 14 g F, 17 g KH

1 Brombeeren verlesen, waschen und mit dem Joghurt sowie den Weizenkeimen im Mixer pürieren. Vanillezucker zugeben, nochmals durchmixen und mit Zitronensaft abschmecken.

2 Drink in ein Glas geben, nach Wunsch mit Melisse garnieren und frisch servieren.

3 Ergibt 1 Drink.

Zubereitungszeit: 10 Min.

Erdbeer-Joghurt-Smoothie

Zutaten:
100 g Erdbeeren
150 g fettarmer Joghurt
1/2 TL Vanillinzucker
2 Erdbeeren zum Garnieren

Zubereitungszeit:
10 Min.

Nährwerte pro Drink:
65/274 kcal/kJ
4 g EW
0 g F
11 g KH

1 Erdbeeren waschen und putzen. Wenn möglich ein paar Stunden vor der Zubereitung einfrieren.

2 Erdbeeren mit dem Joghurt im Mixer oder dem Mixstab fein pürieren, mit Vanillinzucker abschmecken.

3 Drink in Gläser verteilen, eingeschnittene Erdbeeren als Garnitur an den Glasrand stecken. Sofort servieren.

4 Ergibt 2 Drinks.

Gurkendrink

Zutaten:
1/2 Salatgurke
einige Blättchen Basilikum
1–2 TL Zitronensaft
3 EL Haferkleieflocken (z. B. von Kölln)
weißer Pfeffer
Mineralwasser zum Auffüllen
Gurkensticks und Basilikum zum Garnieren

Zubereitungszeit:
10 Min.

Nährwerte pro Drink:
57/241 kcal/kJ
3 g EW, 1 g F, 9 g KH

1 Gurke waschen und würfeln. Basilikum waschen, trocken schütteln und zusammen mit der Gurke, dem Zitronensaft und den Haferkleieflocken im Mixer oder mit dem Pürierstab pürieren.

2 Mit Pfeffer würzen, auf 2 Gläser verteilen und mit Mineralwasser aufgießen.

3 Nach Wunsch mit Gurkensticks und Basilikum garnieren. Sofort servieren.

Smoothie mit roten Früchten

Zutaten:
300 g rote Johannisbeeren (tiefgekühlt)
150 g Himbeeren
2 EL Honig
1 Prise Zimt
1/2 l fettarme Milch
Minze zum Garnieren

Zubereitungszeit:
10 Min.

1 Die Früchte waschen, pürieren und durch ein Sieb streichen, um die Kerne zu entfernen. Honig und Zimt dazugeben und mit Milch mischen. Nach Wunsch kurz durchmixen.

2 Drink gut gekühlt oder mit Crushed Eis in Gläser füllen, mit Minze garnieren und sofort servieren.

3 Ergibt 4 Drinks.

Nährwerte pro Drink:
150/630 kcal/kJ
5 g EW, 5 g F, 19 g KH

Mango-Kiwi-Ingwer-Smoothie

Zutaten:
1 Stück frischer Ingwer
2 Mangos
8 Kiwis
16 Orangen
4 Limetten

Zubereitungszeit:
20 Min.

Nährwerte pro Drink:
231/970 kcal/kJ
4 g EW, 2 g F, 44 g KH

1 Ingwer schälen und durch die Knoblauchpresse drücken. Mangos und Kiwis schälen und Fruchtfleisch in kleine Stücke schneiden. Orangen halbieren und nach Wunsch einige Scheiben zum Garnieren beiseitelegen. Limetten ebenfalls halbieren und alle Zitrusfrüchte auspressen. Ingwer, Fruchtstücke, 24 Eiswürfel und Saft in den Mixer geben und zu einem cremigen Drink aufschlagen.

2 Fruchtmix in Gläser füllen, nach Wunsch Orangenscheiben an die Glasränder stecken und sofort servieren.

3 Ergibt 4 Drinks.

Melonensmoothie

Zutaten:
1 Charentais-Melone
2 Limetten
3 EL brauner Zucker
2–4 EL Grenadinesirup
4 Stängel Zitronenmelisse

1 Melone vierteln und entkernen. Melonenstücke großzügig schälen, das Fruchtfleisch grob würfeln. Limetten auspressen. Melonenfruchtfleisch, Zucker, Limettensaft und 12 grob zerstoßene Eiswürfel in den Mixer geben und pürieren.

2 Smoothie auf Gläser verteilen. Grenadinesirup teelöffelweise am Glasrand zugießen, sodass sich Schlieren bilden. Mit Zitronenmelisse garnieren und sofort servieren.

3 Ergibt 4 Drinks.

Zubereitungszeit:
15 Min.

Nährwerte pro Drink:
153/643 kcal/kJ
2 g EW, 1 g F, 33 g KH

Gurken-Buttermilch-Drink

(Abb. Cover)

Zutaten:
500 ml Buttermilch
200 g fettarmer Joghurt
1 Salatgurke
1 kleine Knoblauchzehe
4 Stängel Dill
Salz
weißer Pfeffer

Zubereitungszeit:
15 Min.

Nährwerte pro Drink:
80 kcal, 335 kJ
6 g EW, 2 g F, 9 g KH

1 Die Buttermilch mit dem Joghurt in einen Mixer geben.

2 Gurke gut waschen und ein Stück für die Garnitur abschneiden und zur Seite legen. Den Rest in grobe Stücke schneiden und ebenfalls in Mixer geben.

3 Die Knoblauchzehe abziehen. Den Dill waschen, etwas für die Garnitur abzupfen und den Rest mit dem Knoblauch in den Mixer geben. Alles auf höchster Stufe pürieren.

4 Mit Salz und Pfeffer abschmecken, in Gläser füllen und mit Gurkenscheiben und Dill garniert kalt servieren.

5 Ergibt 4 Drinks.

Fruchtige Fitcocktails

Zitruscocktail [Abb. S. 39 vorne]

Zutaten:
4 Saftorangen
2 Limetten
2 Grapefruits
1 EL Blütenhonig
Zitronenzesten und Limettenscheiben zum Garnieren

Zubereitungszeit:
15 Min.

1 Orangen, Limetten sowie Grapefruits auspressen und alle Säfte gut vermischen.

2 Saftmix mit Honig süßen, mit 8 Eiswürfeln in einen Shaker geben, gut schütteln und in Gläser füllen. Nach Wunsch kann mit Mineralwasser aufgefüllt werden. Mit Zitronenzesten und Limettenscheiben garnieren. Sofort servieren.

3 Ergibt 4 Drinks.

Nährwerte pro Drink:
129/542 kcal/kJ
2 g EW, 2 g F, 22 g KH

Erdbeercocktail [Abb. S. 39 hinten]

Zutaten:
200 g Erdbeeren
1/2 Banane
300 ml Ananassaft
Minze zum Garnieren

Zubereitungszeit:
10 Min.

1 Erdbeeren waschen, putzen und klein schneiden. Banane schälen und klein schneiden. Beides gut pürieren.

2 Erdbeer-Bananen-Mix mit Ananassaft und 4 Eiswürfeln in einen Shaker geben und gut schütteln. In Gläser geben und mit Minze garnieren. Sofort servieren.

3 Ergibt 2 Drinks.

Nährwerte pro Drink:
154/647 kcal/kJ
2 g EW, 1 g F, 33 g KH

Holundercocktail

Zutaten:
8 EL Holundersirup
Saft von 1 Zitrone
1/2 l Traubensaft
1/2 l Mineralwasser
Holunderbeeren nach Belieben
Zitronenspalten zum Garnieren

Nährwerte pro Drink:
188/790 kcal/kJ
1 g EW
0 g F
43 g KH

1 Holundersirup und Zitronensaft gut verrühren.

2 Holunder-Zitronen-Mix auf Gläser verteilen, jeweils 2 Eiswürfel zugeben und mit Traubensaft sowie Mineralwasser aufgießen.

3 Nach Wunsch mit Holunderbeeren und Zitronenspalten garnieren. Sofort servieren.

4 Ergibt 4 Drinks.

Zubereitungszeit:
10 Min.

»So long«

Zutaten:
1 Honigmelone
120 ml Grenadinesirup
600 ml Orangensaft
Orangenschalen-spiralen zum Dekorieren

Zubereitungszeit:
15 Min.

Nährwerte pro Drink:
91/383 kcal/kJ
2 g EW
0 g F
18 g KH

1 Honigmelone vierteln, Kerne mit einem Löffel auskratzen, Fruchtfleisch von der Schale lösen und in kleine Würfel schneiden.

2 Melonenwürfel mit 4 cl Grenadinesirup übergießen, sodass sie die rote Farbe etwas annehmen. Honigmelonenwürfel in das Gefrierfach legen.

3 Die gefrorenen Fruchtstücke in Gläser geben und jeweils mit 150 ml Orangensaft auffüllen, verbliebenen Grenadinesirup auf die Gläser verteilen.

4 Zur Dekoration Orangenschale als Spirale an das Glas anbringen.

5 Ergibt 4 Drinks.

Tipp

Grenadinesirup besteht aus Zucker und Granatapfelsaft – letzterer kann auch anstatt des Sirups verwendet und mit Honig gesüßt werden.

Granny B.

Zutaten:
60 ml Apfelsaft
60 ml Pfirsichnektar (z. B. von beckers bester)
60 ml Orangensaft
20 ml Zitronensaft, frisch gepresst
1/2 cl Blue Curaçao-Sirup (alkoholfrei)
Orangenscheibe, Kirsche zum Garnieren

Nährwerte pro Drink:
129/542 kcal/kJ
1 g EW
0 g F
28 g KH

1 Apfelsaft, Pfirsichnektar sowie Orangen- und Zitronensaft mit 6–8 Eiswürfeln in einen Shaker geben. Kurz und kräftig shaken. Sirup zugeben und gut unterrühren.

2 Fruchtmix in ein mit 3 Eiswürfeln gefülltes Longdrinkglas geben. Orangenscheibe halbieren, mit der Kirsche auf einen Spieß stecken und in den Drink geben.

3 Ergibt 1 Drink.

Zubereitungszeit:
5 Min.

Tipp

Blue Curaçao-Sirup ist ein leuchtend blau eingefärbter Orangensirup. Er ist bestens dafür geeignet alkoholfreie Varianten von Cocktails zu schaffen, ohne auf Farbe verzichten zu müssen.

Zutaten:
1/4 l Kirschnektar
1/4 l Pfirsichnektar
2 Kirschen mit Stiel zum Garnieren

Zubereitungszeit:
10 Min.

Nährwerte pro Drink:
167/701 kcal/kJ
1 g EW
0 g F
39 g KH

Kirsch-Pfirsich-Crush

1 6–8 Eiswürfel im Mixer zerkleinern und Gläser zu ca. 1/4 damit füllen.

2 Die Nektare gut im Mixer mischen. In die Gläser füllen und mit je einer Kirsche garnieren.

3 Ergibt 2 Drinks.

Sunburst

1 Apfel waschen, Kerngehäuse entfernen und Frucht klein schneiden. Möhren waschen, putzen, evtl. schälen und klein schneiden. Mango schälen, Fruchtfleisch vom Kern lösen und ebenfalls klein schneiden. Apfel-, Möhren- und Mangostücke im Mixer pürieren. Erdbeeren waschen, putzen und in Scheiben schneiden.

2 Fruchtmus auf Gläser verteilen, mit Crushed Ice auffüllen, Erdbeeren hinzufügen und mit Orangensaft aufgießen. Sofort servieren.

3 Ergibt 4 Drinks.

Zubereitungszeit:
15 Min.

Zutaten:
1 Apfel
3 Möhren
1 Mango
120 g Erdbeeren
700 ml Orangensaft

Nährwerte pro Drink:
134/563 kcal/kJ
3 g EW, 1 g F, 26 g KH

Exotic-Vitamin-Drink

Zutaten:
ca. 400 g tropischer Fruchtcocktail (Dose, nicht gezuckert)
2 Limetten oder Zitronen
1 1/2 Flaschen weißer Traubensaft, 1 Flasche Multivitaminsaft
1 Flasche Mineralwasser
1 Babyananas und Obst zum Garnieren

Zubereitungszeit: 10 Min.

Nährwerte pro Drink:
245/1029 kcal/kJ
2 g EW
1 g F
54 g KH

1 Fruchtcocktail mit der Flüssigkeit in ein Bowlegefäß geben. Limetten halbieren und auspressen. Limettensaft, gut gekühlten weißen Traubensaft und Multivitaminsaft mit dem Fruchtcocktail vermischen und anschließend mit Mineralwasser auffüllen.

2 Drink auf Gläser verteilen. Babyananas unten einschneiden, in kleine Spalten schneiden, mit Obst auf Holzspießchen stecken und auf den Rand der Gläser setzen. Sofort servieren.

3 Ergibt 6–8 Drinks.

Pussy Foot

Zutaten:
je 60 ml Orangen-, Ananas- und Grapefruitsaft
2 cl Grenadinesirup
Mineralwasser
1 Ananasscheibe (Dose)

Nährwerte pro Drink:
74/311 kcal/kJ
1 g EW, 0 g F, 16 g KH

1 Orangen-, Ananas- und Grapefruitsaft in einen Shaker geben. 2 Eiswürfel zugeben und kräftig schütteln.

2 Drink in mit 2 Eiswürfeln gefüllte Longdrinkgläser abseihen. Grenadinesirup einfließen lassen, nicht umrühren. Bei Bedarf mit Mineralwasser auffüllen. Ananasscheibe vierteln, auf Holzspießchen stecken und in den Drink geben. Sofort servieren.

3 Ergibt 2 Drinks.

Zubereitungszeit: 10 Min.

Boskopbrause

1 Apfel- und Birnensaft gut mischen. Einen Teil davon erwärmen und den Honig darin auflösen. Zitronenschale 5 Minuten darin ziehen lassen.

2 Apfel-Birnen-Mix mit dem warmen Saftmix gut vermengen. Drink in mit je 2 Eiswürfeln gefüllte Gläser geben. Nach Geschmack mit Mineralwasser auffüllen.

3 Ergibt 4 Drinks.

Nährwerte pro Drink:
155/651 kcal/kJ
1 g EW, 1 g F, 35 g KH

Zutaten:
1/2 l Apfelsaft
300 ml Birnensaft
4 EL Honig
Schale von 2 Zitronen (unbehandelt)
Mineralwasser zum Auffüllen

Zubereitungszeit:
15 Min.

Mango-Möhren-Drink

1 Mango schälen, Fruchtfleisch vom Kern lösen und fein würfeln. Ingwer schälen und hacken.

2 Mango, Ingwer, Limettensaft und fein abgeriebene -schale, Honig und abgetropfte Möhrchen in den Mixer geben und fein pürieren.

3 Fruchtpüree in 2 Gläser gießen, mit Mineralwasser auffüllen, sofort servieren.

Zutaten:
1 kleine reife Mango
etwas frischer Ingwer
Saft und Schale von 1/2 Limette (unbehandelt)
1 TL Honig
1 Dose Möhrchen (ca. 200 ml, z. B. von Bonduelle)
gut gekühltes Mineralwasser zum Auffüllen

Zubereitungszeit:
15 Min.

Nährwerte pro Drink:
160/673 kcal/kJ
2 g EW, 1 g F, 34 g KH

Tipp

Möhren sind reich an Ballaststoffen, Mineralstoffen (besonders Selen) und fettlöslichem Betacarotin, der Vorstufe von Vitamin A.

Apfel-Papaya-Drink

Zutaten:
1 Papaya
100 ml Apfelsaft
100 ml Mineralwasser
50 ml Zitronensaft

Nährwerte pro Drink:
58/244 kcal/kJ
1 g EW, 0 g F, 12 g KH

1 Papaya halbieren, entkernen, Fruchtfleisch von der Schale lösen, klein schneiden und fein pürieren.

2 Fruchtbrei in Gläser verteilen, jeweils 3 Eiswürfel zugeben, anschließend mit Apfelsaft und Mineralwasser aufgießen. Sofort servieren.

3 Ergibt 2 Drinks.

Zubereitungszeit: 15 Min.

Green Ball

Zutaten:
40 ml Orangensaft
40 ml Grapefruitsaft
40 ml Pfirsichnektar
20 ml Zitronensaft, frisch gepresst
1/2 cl Blue Curaçao-Sirup (alkoholfrei)
Melonenschnitze, Kirsche zum Dekorieren

Zubereitungszeit:
10 Min.

Nährwerte pro Drink:
97/407 kcal/kJ
1 g EW
0 g F
21 g KH

1 Alle Säfte mit 6–8 Eiswürfeln in einen Shaker geben. Kurz und kräftig shaken. Sirup hinzufügen und gut unterrühren.

2 Drink in ein mit Eiswürfeln gefülltes Longdrinkglas abgießen. Melonenschnitze und Kirsche einschneiden und auf den Glasrand stecken. Sofort servieren.

3 Ergibt 1 Drink.

Wassermelonendrink

Zutaten:
400 g Wassermelone
2 Limetten
(unbehandelt)
Apfelsaft zum Auffüllen
Minze zum Garnieren

Zubereitungszeit:
15 Min.

Nährwerte pro Drink:
135/567 kcal/kJ
2 g EW
3 g F
21 g KH

1 Wassermelone zuerst halbieren, dann achteln und weitgehend entkernen. Fruchtfleisch von der Schale lösen und in kleine Stücke schneiden. Wassermelonenstücke im Mixer pürieren oder entsaften.

2 Limetten heiß waschen, 1 1/2 Limetten auspressen, die Schale großzügig in breiten Streifen abnehmen. Restliche Limette in Spalten schneiden.

3 Wassermelonen- und Limettensaft mit 6 Eiswürfeln in einen Shaker geben, gut schütteln und in Gläser verteilen.

4 Mit Apfelsaft auffüllen, Limettenschalenstreifen in die Gläser geben. Mit Limettenspalten und Minze garnieren. Sofort servieren.

5 Ergibt 2 Drinks.

Tipp

Wassermelonen sind wegen ihres hohen Wasser- und geringen Zuckergehaltes als Durstlöscher höchst begehrt. Besonders im Sommer erfrischt dieser bunte Cocktail die Sinne.

Ingwererfrischung

Zutaten:
100 ml Apfelsaft
2 cl Zitronensaft
1 EL Honig
etwas frisch geriebener Ingwer
Gingerale zum Auffüllen

Zubereitungszeit:
5 Min.

Nährwerte pro Drink:
205/861 kcal/kJ
1 g EW
1 g F
47 g KH

1 Apfelsaft, Zitronensaft, Honig und Ingwer im Shaker mit etwas Eis gut schütteln. In ein Longdrinkglas abgießen.

2 Mit Gingerale auffüllen und etwas ziehen lassen.

3 Ergibt 1 Drink.

Greeny

Zutaten:
3 Kiwis
4 EL Waldmeistersirup
Saft von 1 Limette
400 ml Mineralwasser
2 Stängel Zitronenmelisse

Zubereitungszeit:
10 Min.

1 Kiwis halbieren, Fruchtfleisch mit einem Kugelausstecher ausstechen und auf 2 Gläser verteilen.

2 Mit jeweils 2 EL Waldmeistersirup beträufeln und mit Limettensaft sowie Mineralwasser auffüllen. Drink mit Melisse garnieren und servieren.

3 Ergibt 2 Drinks.

Nährwerte pro Drink:
181/1760 kcal/kJ
2 g EW, 1 g F, 36 g KH

Gute-Laune-Cocktail

1 Banane schälen, klein schneiden und mit einer Gabel gut zerdrücken oder pürieren.

2 Apfelsaft, Aprikosennektar und Sanddornsaft gut vermischen. Bananenmus in Gläser verteilen, mit Saftmix auffüllen und gut verrühren. Nach Wunsch je 3 Eiswürfel zugeben, mit Mineralwasser auffüllen und sofort servieren.

3 Ergibt 2 Drinks.

Zubereitungszeit: 10 Min.

Zutaten:
1 Banane
150 ml Apfelsaft
1/4 l Aprikosennektar
2 EL Sanddornsaft
Mineralwasser nach Belieben

Nährwerte pro Drink:
190/798 kcal/kJ
2 g EW, 1 g F, 41 g KH

Green Dream

1 Mandelsirup, Orangensaft und Zitronensaft im Shaker kräftig schütteln oder in einer hohen Rührschüssel mixen.

2 Longdrinkgläser zu ca. 1/4 mit zerstoßenem Eis füllen, Saftmix hineingeben und jedes Glas mit Apfelsaft auffüllen. Jeweils 3 Spritzer Blue Curaçao-Sirup über jedes Getränk träufeln und mit Minzestängel und Strohhalm verzieren.

3 Ergibt 4 Drinks.

Zutaten:
80 ml Mandelsirup
160 ml Orangensaft
80 ml Zitronensaft
400 ml Apfelsaft naturtrüb
Blue Curaçao-Sirup (alkoholfrei)
Minzestängel zum Garnieren

Zubereitungszeit:
10 Min.

Nährwerte pro Drink:
64/269 kcal/kJ
0 g EW
0 g F
14 g KH

Fruchtbombe

Zutaten:
1 EL Zitronensaft
2 EL Kokosraspel
150 ml Orangensaft
50 ml Bananennektar
1 EL Maracujasirup
1 EL Grenadinesirup
je 1 Cocktailkirsche, Kiwi-, Orangen- und Limettenscheibe zum Garnieren

Nährwerte pro Drink:
262/1100 kcal/kJ
3 g EW
7 g F
45 g KH

1 Den Rand eines Longdrinkglases erst in Zitronensaft, dann in Kokosraspeln tauchen und beiseitestellen.

2 Orangensaft, Bananennektar, Maracuja- und Grenadinesirup mit 3 Eiswürfeln in einen Shaker geben und schütteln. In das vorbereitete Glas abseihen.

3 Cocktailkirsche, Kiwi-, Orangen- und Limettenscheibe auf einen langen Holzspieß stecken und zum Umrühren in den Drink geben.

4 Ergibt 1 Drink.

Zubereitungszeit:
10 Min.

Tipp

Servieren Sie zu dem Drink frische Fruchtkugeln: einfach aus dem Fruchtfleisch von je 1 Pfirsich, Birne, Nektarine, Banane und Honigmelone mit dem Kugelausstecher kleine Kugeln ausstechen. Fruchtreste im Mixer pürieren, Püree und Fruchtkugeln mindestens 1 Stunde gut kühlen, anschließend beides auf einem flachen Teller anrichten und servieren.

Zutaten:
150 ml Apfelsaft naturtrüb
50 ml Möhrensaft
Saft von 1/2 Limette
1–2 TL Ahornsirup
1 Kugel Ananaseis
1 Zitronenscheibe und Melisse zum Garnieren

Zubereitungszeit:
5 Min.

Nährwerte pro Drink:
270/1134 kcal/kJ
3 g EW
2 g F
57 g KH

Apfel-Möhren-Eisdrink

1 Kalten Apfel- und Möhrensaft, Limettensaft, Ahornsirup sowie das Ananaseis in einen Shaker geben, gut durchmixen.

2 Drink in ein bauchiges Glas gießen. Mit Zitronenscheibe und Melisse garnieren. Sofort servieren.

KiPa-Drink

Zutaten:
1 Kiwi, 1 Stängel Minze
2 EL Papayavollfruchtsaft (ungesüßt)
1/8 l Mineralwasser oder Apfelsaft, Minze

Zubereitungszeit:
10 Min.

1 Kiwi schälen und in Stücke schneiden. Minze waschen, trocken schütteln, Blättchen vom Stängel zupfen. Kiwistücke, Minze und Papayasaft fein pürieren.

2 Glas zu etwa 1/3 mit Crushed Ice füllen, Fruchtmix hineingeben und mit Mineralwasser oder Apfelsaft auffüllen. Mit Minzeblättchen garnieren.

3 Ergibt 1 Drink.

Nährwerte pro Drink:
108/454 kcal/kJ
2 g EW, 1 g F, 21 g KH

Zutaten:
50 ml Multivitaminsaft (z. B. von beckers bester)
50 ml Bananensaft
50 ml Orangensaft
50 ml Apfelsaft
Apfelschnitze, Bananenscheibe (oder 1 Babybanane) und Kirsche zum Garnieren

Nährwerte pro Drink:
101/424 kcal/kJ
1 g EW
0 g F
22 g KH

Top Spin

1 Multivitamin-, Bananen-, Orangen- und Apfelsaft mit 6–8 Eiswürfeln in einen Shaker geben. Kurz und kräftig shaken.

2 Drink in ein mit 3 Eiswürfeln gefülltes Longdrinkglas abgießen. Apfelschnitze, Bananenscheibe und Kirsche auf ein Spießchen stecken und in das Glas geben. Sofort servieren.

3 Ergibt 1 Drink.

Zubereitungszeit:
10 Min.

Eisiger Fruchtmixdrink

1 Nektarine waschen, Fruchtfleisch vom Kern lösen und klein schneiden. Banane schälen und klein schneiden. Gekühlte Orangen auspressen. Fruchtstücke mit Saft und Honig im Mixer verquirlen.

2 Fruchtmix in Gläser füllen, mit Mineralwasser aufgießen und umrühren. Mit Minzeblättchen garnieren. Sofort servieren.

3 Ergibt 2 Drinks.

Nährwerte pro Drink:
204/857 kcal/kJ
3 g EW, 1 g F, 43 g KH

Zutaten:
1 Nektarine, 1 Banane
3 Orangen
1/2 TL Honig
200 ml Mineralwasser
Minzeblättchen zum Garnieren

Zubereitungszeit:
10 Min.

Ingwerdrink

1 Ca. 1 l Wasser erhitzen, dabei den geschälten Ingwer hineinreiben. Honig und Zucker einrühren. Wenn das Getränk kocht, Topf vom Herd nehmen und Zitronensaft zugeben.

2 Drink auf Gläser verteilen, mit Minze garnieren und servieren. Schmeckt heiß und gekühlt auf Eis.

3 Ergibt 4 Drinks.

Zutaten:
1 großes Stück frischer Ingwer
1 EL Honig
1–2 EL brauner Zucker
Saft von 1 Zitrone
Minze zum Garnieren

Zubereitungszeit:
10 Min.

Nährwerte pro Drink:
58/244 kcal/kJ
0 g EW
0 g F
13 g KH

Tipp

Der heiße Ingwerdrink ist ein beliebtes Erkältungsgetränk. Das würzig-scharfe und leicht süßliche Getränk wirkt schleimlösend und appetitanregend. Zusätzlich sorgt der Zitronensaft für eine wichtige Portion Vitamin C.

Powermix

Zutaten:
1 TL Zitronensaft
100 ml Tomatensaft
40 ml Grapefruitsaft
Selleriesalz, Pfeffer
Tabasco
Worcestersauce
Mineralwasser zum Auffüllen
1 kleines Stück Stangensellerie zum Garnieren

1 Zitronen-, Tomaten- und Grapefruitsaft in einem Rührglas gut vermischen. Mit Salz, Pfeffer, Tabasco und Worcestersauce abschmecken.

2 Saftmix in ein mit 3 Eiswürfeln gefülltes Glas geben und mit Mineralwasser auffüllen. Nach Wunsch mit Selleriestange garnieren, sofort servieren.

3 Ergibt 1 Drink.

Zubereitungszeit: 10 Min.

Nährwerte pro Drink:
47/197 kcal/kJ
1 g EW, 0 g F, 8 g KH

Stressstopper

Zutaten:
200 ml weißer Traubensaft
200 ml roter Traubensaft
1 Zitrone
Trauben zum Garnieren

Zubereitungszeit:
5 Min.

1 Traubensäfte gut vermischen. Zitrone auspressen und Saft untermengen.

2 Saftmix in mit 3 Eiswürfeln gefüllte Gläser geben. Trauben einschneiden und an den Glasrand stecken. Sofort servieren.

3 Ergibt 2 Drinks.

Nährwerte pro Drink:
165/693 kcal/kJ
1 g EW, 1 g F, 36 g KH

Rabbit's Fizz

Zutaten:
100 ml Möhrensaft
1 TL Zitronensaft
Selleriesalz
100 ml Mineralwasser
Zitronenscheibe zum Garnieren

1 Möhren- und Zitronensaft mit 2 Eiswürfeln in einen Shaker geben und gut schütteln. Mit Selleriesalz würzen.

2 Saftmix in ein mit 2 Eiswürfeln gefülltes Glas geben und mit Mineralwasser auffüllen. Zitronenscheibe einschneiden, an den Glasrand stecken. Sofort servieren.

3 Ergibt 1 Drink.

Zubereitungszeit: 5 Min.

Nährwerte pro Drink:
165/693 kcal/kJ
1 g EW, 1 g F, 36 g KH

Tipp

Trauben enthalten jede Menge B-Vitamine, Kalium und Magnesium. Diese Stoffe gelten als echte Nervennahrung und beruhigen den gestressten Körper. Der Traubenzucker bringt zusätzlich den extra Energiekick und erhöht sofort die Leistungsfähigkeit.

Shakes

Heidelbeershake (Abb. S. 55)

Zutaten:
400 g Heidelbeeren (frisch oder tiefgekühlt)
1/2 l Sojakalziumdrink (z. B. von Alpro soya)
1 EL Honig
2 EL Grenadinesirup

Zubereitungszeit: 20 Min.

1 Beeren abspülen und verlesen. 2 EL Beeren beiseitestellen. Die restlichen mit etwas gekühltem Sojakalziumdrink mischen und mit dem Pürierstab oder im Mixer pürieren. Dabei langsam restlichen Sojadrink zugießen. Mit Honig und Grenadinesirup abschmecken. Zum Schluss ca. 16 zerstoßene Eiswürfel untermixen.

2 Restliche ganze Heidelbeeren auf kleine Holzspieße stecken und in die Gläser stellen. Shake hineingießen.

3 Ergibt 4 Drinks.

Nährwerte pro Drink:
160/1672 kcal/kJ
5 g EW, 3 g F, 26 g KH

Zwetschenshake

Zutaten:
200 g frische Zwetschen
60 g Honig
1 kleine Zimtstange
3 Gewürznelken
1 Zitronenscheibe
400 ml Milch
Zimtstangen zum Dekorieren

Zubereitungszeit: 15 Min.

1 Zwetschen waschen, entsteinen und mit Honig, Zimtstange, Nelken und Zitronenscheibe in einem Topf zum Kochen bringen. 8 Minuten köcheln lassen.

2 Zimtstange und Nelken entfernen und Kompott im Kühlschrank abkühlen lassen.

3 Kompott mit der Milch im Mixer schaumig mixen und in Gläser füllen. Sofort servieren.

4 Ergibt 2 Drinks.

Nährwerte pro Drink:
275/1155 kcal/kJ
7 g EW, 7 g F, 43 g KH

Tutti-Frutti-Shake

Zutaten:
1 Apfel
1 Birne
2 Aprikosen
1/2 l Magermilch
je 4 Apfel- und Birnenscheiben sowie 4 Aprikosenhälften zum Garnieren

1 Apfel und Birne schälen, halbieren, vom Kerngehäuse befreien und in kleine Stücke schneiden. Aprikosen waschen, halbieren, Stein auslösen und Früchte klein schneiden. Fruchtstücke im Mixer pürieren.

2 Fruchtpüree mit der Milch und 8 Eiswürfeln in einen Shaker geben und gut schütteln. Apfel- und Birnenscheiben halbieren, jeweils 2 mit 1 Aprikosenhälfte auf ein Holzspießchen stecken. Shake in Gläser füllen, Fruchtspießchen auf die Gläser legen und frisch servieren.

3 Ergibt 4 Drinks.

Zubereitungszeit: 15 Min.

Nährwerte pro Drink:
87/365 kcal/kJ
5 g EW, 0 g F, 16 g KH

Pfirsich-Erdbeer-Shake

1 Pfirsiche häuten. Wenn sich die Haut nicht leicht abziehen lässt, Pfirsiche erst heiß überbrühen, kurz ziehen lassen und dann häuten.

2 Pfirsiche halbieren, entsteinen und in kleine Würfel schneiden. Erdbeeren waschen, putzen und klein schneiden.

3 Früchte jeweils getrennt mit 1 EL Honig mischen und kurz Saft ziehen lassen.

4 Inzwischen Vanilleschoten der Länge nach aufschlitzen und Mark mit dem Messerrücken herauskratzen.

5 Pfirsiche mit Vanillemark und der Hälfte der Milch fein pürieren und Erdbeeren mit der restlichen Milch mixen.

6 Fruchtshakes in 2 Kännchen füllen und gleichzeitig von 2 Seiten in hohe Gläser füllen. Shakes mit Strohhalm frisch servieren.

7 Ergibt 4 Drinks.

Zubereitungszeit: 15 Min.

Zutaten:
2 Pfirsiche
250 g Erdbeeren
2 EL Honig
2 Vanilleschoten
800 ml Milch

Nährwerte pro Drink:
204/857 kcal/kJ
8 g EW
7 g F
26 g KH

Tipp

Pfirsiche sind Steinobstfrüchte kleiner Bäume mit grünlich-gelber oder kräftig gelber bis roter Schale (je nach Sorte). Die große Beliebtheit des Pfirsichs beruht auf seiner Fülle an Saft und Aromastoffen.

Zweifarbiger Beerenshake

Zutaten:
150 g gemischte Beeren (zur Winterzeit TK-Beeren)
200 g Joghurt
40 g Honig
4 Kugeln Vanilleeis
150 ml Milch
2 Johannisbeerrispen zum Garnieren

1 Beeren mit Joghurt und Honig im Mixer vermixen und bis zur Hälfte in die vorbereiteten Gläser füllen.

2 Vanilleeis mit Milch im Mixer schaumig aufschlagen und vorsichtig auf den Beerenjoghurt gießen, sodass ein zweifarbiger Shake entsteht.

3 Mit Johannisbeerrispen garnieren und servieren.

4 Ergibt 2 Drinks.

Zubereitungszeit: 10 Min.

Nährwerte pro Drink:
306/1285 kcal/kJ
9 g EW, 12 g F, 39 g KH

Bananenshake

Zutaten:
2 Bananen
4 Kugeln Vanilleeis
130 ml Sojadrink Vanille (z. B. von Alpro soya)
rote Johannisbeeren nach Belieben
Johannisbeeren, Minze zum Garnieren

Zubereitungszeit:
10 Min.

Nährwerte pro Drink:
409/1778 kcal/kJ
16 g EW
15 g F
50 g KH

1 Bananen schälen und in Stücke schneiden. Zusammen mit dem Vanilleeis und dem Sojadrink im Mixer mixen, bis ein dickflüssiges Getränk entsteht. Die roten Johannisbeeren sorgen in diesem Shake für einen frisch-säuerlichen Geschmack und können nach Belieben zugegeben werden. Wenn die Mischung zu dick sein sollte, Eiswürfel zugeben.

2 Drink auf Gläser verteilen, mit Johannisbeeren und Minze garnieren. Sofort servieren.

3 Ergibt 2 Drinks.

Zutaten:
6 Tomaten
1 kleine Zwiebel
1/2 Bd. Dill
150 g Joghurt
500 g Dickmilch
Selleriesalz
weißer Pfeffer
Zucker nach Belieben
Selleriegrün zum Garnieren

Zubereitungszeit:
20 Min.

Nährwerte pro Drink:
133/559 kcal/kJ
7 g EW
6 g F
12 g KH

Herzhafter Milchshake »Vitaminbombe«

1 Tomaten mit heißem Wasser überbrühen, Haut abziehen, Fruchtfleisch klein schneiden. Zwiebel schälen und klein schneiden. Dill waschen, trocken schütteln, grob zerpflücken. Tomaten, Zwiebel und Dill im Mixer pürieren. Joghurt, Dickmilch, Salz, Pfeffer und nach Wunsch Zucker zufügen, alles nochmals kurz durchmixen.

2 Drink auf Gläser verteilen, mit Selleriegrün garnieren und servieren.

3 Ergibt 4 Drinks.

Tipp

Die Tomate ist ein wahres Powerpaket: Sie enthält Kalium, B-Vitamine, Vitamin C, Provitamin A, Folsäure, Carotinoide und Flavonoide.

Zutaten:
300 ml Sojadrink
Banane (z. B. von
Alpro soya)
1/4 l Aprikosensaft
4 EL Schmelzflocken
Minzblättchen zum
Garnieren

Zubereitungszeit:
10 Min.

Nährwerte pro Drink:
286/1206 kcal/kJ
10 g EW
6 g F
47 g KH

Tipp

Aprikosen werden von Mai bis September frisch angeboten: In dieser Zeit können Sie 1/2 kg Früchte entsaften und den frischen Saft verwenden.

Aprikosenshake

1 Den Sojadrink Banane in einen hohen Mixbecher geben. Den Aprikosensaft und die Schmelzflocken unter kräftigem Rühren mit dem Schneebesen zufügen.

2 Drink in hohe Gläser füllen und sofort servieren. Nach Belieben mit einem Minzblättchen garnieren.

3 Ergibt 2 Drinks.

Powershake mit Möhren

1 Möhren schälen, in kleine Stücke schneiden und im Mixer zerkleinern. Buttermilch und Milch zugeben. Mit Salz und Pfeffer würzen und nochmals durchmixen.

2 Shake in Gläser füllen und sofort servieren.

3 Ergibt 4 Drinks.

Zubereitungszeit: 15 Min.

Zutaten:
400 g Möhren
400 ml Buttermilch
400 ml Milch, Salz
Pfeffer aus der Mühle

Nährwerte pro Drink:
121/508 kcal/kJ
8 g EW, 4 g F, 12 g KH

Fruchtshake »Galaxis«

1 Trauben- und Aprikosensaft jeweils getrennt in einen Eiskugelbeutel füllen und mindestens 4 Stunden gefrieren. Die Himbeeren waschen, verlesen und zusammen mit Kefir, Joghurt, Instantflocken und Honig pürieren.

2 Mischung in Gläser füllen, die farbigen Eiskugeln aus den Beuteln lösen und ebenfalls in die Gläser verteilen. Mit Himbeeren und Kiwischeiben garnieren, sofort servieren.

3 Ergibt 2 Drinks.

Zutaten:
50 ml roter Traubensaft
50 ml Aprikosensaft
100 g Himbeeren
200 ml Kefir
200 g Vollmilchjoghurt
2 EL Instantflocken (z. B. von Kölln)
2 EL Honig
Himbeeren und 2 Kiwischeiben zum Garnieren

Zubereitungszeit:
10 Min.

Nährwerte pro Drink:
238/1004 kcal/kJ
9 g EW
6 g F
37 g KH

Orangen-Minz-Shake

Zutaten:
2 Blutorangen
2 Stängel Minze
3 EL Karamellsirup
1/4 l Milch
100 g Naturjoghurt
1 EL unbehandelte Pistazien

Zubereitungszeit:
15 Min.

1 Orangen filetieren, Fruchtfleisch in kleine Stücke schneiden. Minze waschen, trocken schütteln, Blättchen von den Stängeln zupfen. Orangenstücke und Minze pürieren und durch ein Sieb streichen.

2 Püree mit Sirup, Milch und Joghurt gut verrühren oder in einem Shaker mischen. Pistazien fein hacken. Drink auf Gläser verteilen, Pistazien darüberstreuen, sofort servieren.

3 Ergibt 2 Drinks.

Nährwerte pro Drink:
205/1239 kcal/kJ
10 g EW, 12 g F, 36 g KH

Mango-Pfirsich-Shake

Zutaten:
1 Mango
130 g Pfirsiche (Dose)
250 g Sojajoghurt
130 ml Sojakalziumdrink
Ananas zum Garnieren

Nährwerte pro Drink:
284/1193 kcal/kJ
33 g EW
14 g F
16 g KH

1 Mango schälen, Fruchtfleisch vom Kern lösen und klein schneiden. Pfirsiche gut abtropfen lassen und klein schneiden. Obststücke zusammen mit dem Joghurt und dem Kalziumdrink in einen Mixer geben und 2 Minuten mixen.

2 Die Mischung in Gläser gießen, mit Ananas garnieren und servieren.

3 Ergibt 2 Drinks.

Zubereitungszeit:
10 Min.

Zutaten:
1 Ananas
2 Bananen
1 Stück frischer Ingwer
4 Orangen (unbehandelt)
2 EL Kokoscreme
2 TL Honig

Zubereitungszeit:
15 Min.

Nährwerte pro Drink:
515/2163 kcal/kJ
6 g EW
14 g F
86 g KH

Ananas-Bananen-Shake mit Ingwer

1 Von der Ananas Blätter abschneiden, Frucht längs vierteln, mittleren Strunk herausschneiden. Fruchtfleisch von der Schale lösen, klein schneiden, anschließend entsaften.

2 Bananen und Ingwer schälen, klein schneiden und mit dem Pürierstab oder im Mixer fein pürieren. Zum Ananassaft geben. Orangen halbieren und auspressen, Schale großzügig in breiten Streifen abnehmen.

3 Saft mit der Ananas-Bananen-Ingwer-Mischung in einen Shaker geben und gut schütteln.

4 Saftmix in hohe Gläser füllen. Mit Kokoscreme und Honig abschmecken. Mit den Orangenschalenstreifen dekorieren.

5 Ergibt 2 Drinks.

Tipp

Kokoscreme gibt es fertig in Dosen oder als Trockenpulver. Sie wird aus dem geriebenen Fruchtfleisch der Kokosnuss gewonnen. Die dickflüssigeren Sorten nennt man Creme, die dünnflüssigeren Milch.

Zutaten:
2 reife Nektarinen
200 g Erdbeeren
3 TL Ahornsirup oder Honig
300 ml Sojakalziumdrink
Früchtespieß zum Garnieren

Zubereitungszeit:
15 Min.

Nährwerte pro Drink:
248/1043 kcal/kJ
7 g EW
4 g F
44 g KH

Nektarinen-Erdbeer-Shake

1 Nektarinen waschen. Kerne entfernen, Fruchtfleisch in grobe Stücke schneiden. Erdbeeren putzen und waschen. Früchte mit Ahornsirup und Sojadrink pürieren.

2 Shake in hohe Gläser füllen. Nach Belieben mit einem Früchtespieß garniert servieren.

3 Ergibt 2 Drinks.

Zutaten:
30 g Mohn, frisch gemahlen
200 ml Milch
2 TL Honig
100 g gemischte Beeren
200 g Joghurt

Zubereitungszeit:
10 Min.

Beeren-Mohn-Shake

1 Den Mohn mit der Milch in einem Topf aufkochen lassen, dann vom Herd ziehen. Honig zugeben und zugedeckt etwa 10 Minuten quellen lassen.

2 Beeren waschen, verlesen und falls nötig entstielen. Mit der abgekühlten Mohnmilch und dem Joghurt mixen, anschließend in einem Shaker nach Bedarf nochmals gut durchmischen.

3 Shake in Gläser füllen und sofort servieren.

4 Ergibt 2 Drinks.

Nährwerte pro Drink:
248/1042 kcal/kJ
10 g EW, 14 g F, 20 g KH

Apfel-Trauben-Shake

1 Apfel- und Traubensaft sowie Joghurt und Honig im Mixer verquirlen, Instantflocken einrühren.

2 Drink in Gläser füllen, Weintrauben einschneiden, an die Glasränder stecken. Mit Melisse garnieren und frisch servieren.

3 Ergibt 2 Drinks.

Nährwerte pro Drink:
198/830 kcal/kJ
3 g EW, 2 g F, 42 g KH

Zutaten:
200 ml Apfelsaft
200 ml Traubensaft
50 g Joghurt, 1 TL Honig
3 EL Instantflocken
Weintrauben, Melisseblättchen zum Garnieren

Zubereitungszeit:
10 Min.

Fruity Mangoshake

1 Mango schälen, Fruchtfleisch vom Kern lösen und in kleine Stücke schneiden. Grapefruit halbieren und auspressen. Grapefruit- und Apfelsaft mit dem Mangofruchtfleisch in den Mixer geben und pürieren. Buttermilch und Honig zugeben und noch einmal mixen.

2 Kelchförmige Gläser mit der Öffnung zuerst in Zitronensaft und dann in Streuzucker tauchen, sodass ein Zuckerrand entsteht. Mangoshake in die Gläser füllen, mit Mangospalten garnieren und frisch servieren.

3 Ergibt 4 Drinks.

Zutaten:
1 Mango
1 rosa Grapefruit
300 ml Apfelsaft naturtrüb
300 ml kalte Buttermilch
1 EL Honig
2 EL Zitronensaft
3–4 EL Streuzucker
4 Mangospalten zum Garnieren

Zubereitungszeit:
15 Min.

Nährwerte pro Drink:
144/602 kcal/kJ
5 g EW
1 g F
26 g KH

Tipp

Apfelsaft fördert die Verdauung, zugleich regt die enthaltene Apfelsäure den Appetit an und erfrischt. Durch den Kaliumgehalt wirkt der Saft leicht entwässernd.

Zutaten:
400 g Himbeeren
2 EL Puderzucker
400 g Joghurt-alternative natur
(z. B. von Alpro soya)
50 ml Sojadrink mit Kalzium
2 TL Zitronensaft
2 EL brauner Zucker
6 Stängel frische Minze

Zubereitungszeit:
15 Min.

Nährwerte pro Shake:
134 kcal/563 kJ
6 g EW
3 g F
19 g KH

Himbeer-Minz-Shake

1 Himbeeren putzen, waschen und abtropfen lassen. 100 g Himbeeren mit 1 EL Puderzucker pürieren, beiseitestellen. Einige Himbeeren aufheben, restliche mit Joghurtalternative, Sojadrink, Crushed Ice, Zitronensaft, 1 EL Puderzucker und braunem Zucker pürieren.

2 Minze waschen, trocken tupfen und 4 Stängel beiseitestellen. Blätter der restlichen Stängel abzupfen, klein schneiden, unter die Himbeer-Joghurt-Masse rühren und alles kalt stellen.

3 Himbeerpüree am Innenrand der Gläser hinunterlaufen lassen, Himbeer-Joghurt-Masse daraufgeben und die Shakes mit Himbeeren und Minzestängeln garnieren.

4 Ergibt 2 Drinks.

Tapioka-Erdbeer-Shake

1 Die Hälfte der Mandelmilch mit dem Tapiokamehl in einen kleinen Kochtopf geben und verrühren. 5 Minuten quellen lassen, dann bei starker Hitze zum Kochen bringen. Vom Herd nehmen, etwas abkühlen lassen und Vanilleextrakt dazugeben. Die Mischung vollständig abkühlen lassen.

2 Eiswürfel, gefrorene Erdbeeren sowie Mandelbutter und Süßstoff in den Mixer geben und pürieren, bis eine cremige Mischung entsteht. Abgekühlte Tapiokamischung hinzugeben und das Ganze zu einer homogenen Masse verrühren.

3 Erdbeershake in 2 Gläser gießen und gehackte Mandeln darüberstreuen.

4 Ergibt 2 Drinks.

Zutaten:
400 ml Mandelmilch
2 EL Tapiokamehl
1/4 TL Vanilleextrakt
Eiswürfel
250 g TK-Erdbeeren
1 EL Mandelbutter
2 Päckchen Süßstoff
Mandeln, gehackt, zum Garnieren

Zubereitungszeit:
20 Min.

Nährwerte pro Shake:
326 kcal/1369 kJ
6 g EW
14 g F
50 g KH

Tipp

Mandelmilch und Mandelbutter sind in Reformhäusern oder Bioläden erhältlich. Tapiokamehl wird aus Maniok, einer stärkehaltigen, kartoffelähnlichen Knolle gewonnen und zum Binden von Flüssigkeiten verwendet.

Erdbeer-Vitamin-Shake

Zutaten:
5 Erdbeeren
1 TL Honig
1 EL Zitronensaft
100 ml Multivitaminsaft
75 g fettarmer Joghurt
1 TL Mandeln oder Haselnüsse, gemahlen

Zubereitungszeit:
15 Min.

1 Erdbeeren waschen, putzen, 1 Frucht für die Garnitur beiseitelegen, restliche klein schneiden.

2 Honig, Zitronensaft, Multivitaminsaft, Joghurt sowie Mandeln in einen Shaker geben und gut schütteln oder in einer Schüssel schaumig schlagen. Erdbeeren unterrühren.

3 Drink in ein Glas gießen, restliche Erdbeere einschneiden und auf den Glasrand stecken. Sofort servieren.

4 Ergibt 1 Drink.

Nährwerte pro Drink:
218/916 kcal/kJ
6 g EW, 7 g F, 30 g KH

Apfelwundershake

Zutaten:
2 säuerliche Äpfel
1 kleines Stück frischer Ingwer
2 EL Honig
1 Prise Zimt
1 Msp. Nelkenpulver
1 EL Kakaopulver (ungesüßt)
1/2 TL Orangenschale
1–2 EL Getreideflocken
1/2 l Milch

1 Äpfel schälen, halbieren, vom Kerngehäuse befreien und klein schneiden. Ingwer schälen und klein schneiden. Apfelstücke und Ingwer zusammen mit Honig, Zimt, Nelken- und Kakaopulver, Orangenschale sowie Getreideflocken im Mixer pürieren.

2 Fruchtmix mit Milch in einen Shaker geben und kräftig schütteln. Shake auf Gläser verteilen und sofort servieren.

3 Ergibt 4 Drinks.

Zubereitungszeit:
15 Min.

Nährwerte pro Drink:
167/701 kcal/kJ
5 g EW, 5 g F, 24 g KH

Kürbisshake

Zutaten:
150 g Kürbisfruchtfleisch (Hokkaido)
1/2 Zimtstange
1 Gewürznelke
4 Stängel Melisse oder Minze, 1/2 l Milch
125 g Joghurt
1 EL Honig
1 Msp. Zimt
1/2 TL rosa Beeren
Melisse- oder Minzeblättchen zum Garnieren

1 Kürbisfruchtfleisch in Würfel schneiden und in wenig Mineralwasser mit Zimtstange und Nelke weich kochen, abschütten, Fruchtfleisch pürieren und auskühlen lassen.

2 Melisse oder Minze waschen, trocken schütteln und grob zerkleinern. Mit dem Kürbispüree in den Mixer geben, Milch, Joghurt, Honig und Zimt zugeben und zu einem Drink mixen.

3 In Gläser füllen, mit rosa Beeren bestreuen und mit Melisse- oder Minzeblättchen garnieren. Sofort servieren.

4 Ergibt 2 Drinks.

Zubereitungszeit:
20 Min.

Nährwerte pro Drink:
184/773 kcal/kJ
8 g EW, 7 g F, 21 g KH

Milch, Molke & Co.

Sonniger Frühstücksdrink
(Abb. S. 69)

Zutaten:
16 getrocknete Aprikosen
600 ml weißer Traubensaft
8 EL Mandarinen aus der Dose
400 g Naturjoghurt
4 EL Weizenkeime
4 Orangenschalen,
4 Scheiben Sternfrucht,
4 Stängel Zitronenmelisse zum Garnieren

1 Aprikosen fein würfeln. Alle Zutaten in den Mixer geben oder mit dem Handrührgerät gut durchschlagen.

2 Mischung auf Gläser verteilen, Orangenschale, 1 Scheibe Sternfrucht und 1 Stängel Zitronenmelisse am Glasrand drapieren. Sofort servieren.

3 Ergibt 4 Drinks.

Zubereitungszeit:
10 Min.

Nährwerte pro Drink:
374/1571 kcal/kJ
10 g EW, 5 g F, 66 g KH

Rote-Bete-Drink

Zutaten:
150 g Naturjoghurt
100 ml Rote-Bete-Saft
3 Kugeln Rote Bete (Glas)
1 Prise Muskat
1 TL Petersilie oder Schnittlauch, fein gehackt

1 Joghurt im Mixer cremig rühren, nach und nach Rote-Bete-Saft unterrühren. 2 Rote-Bete-Kugeln klein hacken, hinzufügen und alle Zutaten gut durchmixen. Mit Muskat abschmecken. Restliche Rote-Bete-Kugel in dünne Scheiben schneiden.

2 Drink in ein Glas füllen, Rote-Bete-Scheiben als Garnitur auf den Glasrand stecken und mit Petersilie oder Schnittlauch bestreuen. Sofort servieren.

3 Ergibt 1 Drink.

Zubereitungszeit:
15 Min.

Nährwerte pro Drink:
180/756 kcal/kJ
8 g EW, 6 g F, 22 g KH

Pfirsich-Buttermilch-Drink

Zutaten:
1 Pfirsich
4 Erdbeeren
150 ml Buttermilch
150 ml weißer Traubensaft
Mineralwasser nach Belieben

Zubereitungszeit:
10 Min.

1 Pfirsich waschen, halbieren und den Kern entfernen. Pfirsich schälen und das Fruchtfleisch grob in Stücke schneiden. Erdbeeren waschen, trocken tupfen, evtl. putzen und Stielansätze entfernen. Pfirsichstücke, Erdbeeren, Buttermilch und weißen Traubensaft zusammen pürieren.

2 Drink in Gläser füllen und bei Bedarf mit etwas Mineralwasser verdünnen. Sofort servieren.

3 Ergibt 2 Drinks.

Nährwerte pro Drink:
116/487 kcal/kJ
4 g EW, 1 g F, 22 g KH

Beeren-Kefir-Shake

1 Beeren putzen, evtl. waschen und abtropfen lassen. Ingwer schälen und reiben. Vanilleschote halbieren und das Mark herauskratzen.

2 Vanilleschote und Mark mit Beeren, Kefir, Milch, Zitronensaft, Zucker und Eiswürfeln in den Mixer geben, das Ganze durchpürieren und den Shake in Gläser füllen.

3 Joghurt glatt rühren, vorsichtig eingießen und mit einem Holzstirrer spiralförmig durchziehen. Erdbeeren waschen, putzen, halbieren, auf den Glasrand stecken und die Shakes mit Strohhalmen garniert servieren.

4 Ergibt 4 Drinks.

Zutaten:
250 g Beeren
1 cm frische Ingwerwurzel
1/2 Vanilleschote
1/2 l Kefir
200 ml Milch
1 EL Zitronensaft
2 EL Zucker
8 Eiswürfel
200 g Joghurt
4 Erdbeeren

Zubereitungszeit:
15 Min.

Nährwerte pro Drink:
185 kcal/775 kJ
9 g EW
7 g F
19 g KH

Tipp

Für diesen Shake bietet sich eine Mischung aus Himbeeren, Brombeeren, Johannisbeeren und Erdbeeren an. Sollten keine frischen Beeren erhältlich sein, geht auch eine TK-Beerenmischung: tiefgekühlte Beeren in den Mixer geben und anschließend auf die Eiswürfel verzichten.

»Hot Dream« (Heiße Bananenmilch)

Zutaten:
1/2 l Vollmilch
2 Msp. Zimt
Honig nach Geschmack
2 kleine reife Bananen
Zimtstangen
Bananenscheiben zum Garnieren

Zubereitungszeit: 15 Min.

Nährwerte pro Drink:
157/659 kcal/kJ
5 g EW
5 g F
24 g KH

1 Die Milch zusammen mit dem Zimt und dem Honig heiß werden lassen.

2 Die Bananen schälen, im Mixer zerkleinern und unter die heiße Milch rühren.

3 Heißen Milchmix in hohe Teegläser füllen. Mit einer Bananenscheibe und den Zimtstangen garnieren.

4 Ergibt 4 Drinks.

Birnentraum

Zutaten:
2 große reife Birnen
1/4 l Milch,
250 g Joghurt, 2 EL Ahornsirup, 4 Stängel Minze zum Garnieren

Nährwerte pro Drink:
144/605 kcal/kJ
5 g EW, 5 g F, 21 g KH

1 Birnen schälen, halbieren, vom Kerngehäuse befreien und klein schneiden. Im Mixer fein pürieren. Fruchtmus mit Milch, Joghurt und Ahornsirup gut vermischen.

2 Drink in Gläser geben und mit Minzestängeln garnieren.

3 Ergibt 4 Drinks.

Zubereitungszeit: 15 Min.

Beeren-Molke-Drink

Zutaten:
400 g TK-Beerenfrüchte
2 EL Zuckerrübensirup
1/2 l Süßmolke
100 g saure Sahne
1 EL Zimt

1 Beeren antauen lassen, anschließend mit Zuckerrübensirup und Molke im Mixer schaumig schlagen. Saure Sahne und Zimt unterrühren.

2 Drink in Gläser füllen und sofort servieren.

3 Ergibt 4 Drinks.

Zubereitungszeit: 10 Min.

Nährwerte pro Drink:
115/483 kcal/kJ
3 g EW, 3 g F, 17 g KH

Eisgekühlte Kirschmilch

Zutaten:
150 g süße Kirschen
500 g Dickmilch
200 ml Kirschsaft
6 EL Instantflocken
4 Kugeln Vanilleeis
Kirschen zum Garnieren

1 Die Kirschen waschen und entkernen. Mit Dickmilch, Kirschsaft, Instantflocken sowie dem Vanilleeis kräftig verquirlen.

2 In Gläser füllen, nach Belieben mit Kirschen garnieren und servieren.

3 Ergibt 4 Drinks.

Zubereitungszeit:
20 Min.

Nährwerte pro Drink:
326/1365 kcal/kJ
10 g EW
14 g F
40 g KH

Bananen-Orangen-Mix

Zutaten:
2 kleine Bananen
2 Orangen
100 g Walnüsse
1/2 l Magermilch
200 g fettarmer Joghurt
4–6 EL Honig
1 TL Vanillearoma
1/2 Orange (unbehandelt),
4 Walnusshälften,
8 Minzeblättchen zum Garnieren

Zubereitungszeit:
15 Min.

Nährwerte pro Drink:
276/1169 kcal/kJ
10 g EW
8 g F
38 g KH

1 Bananen schälen und klein schneiden. Orangen schälen, halbieren und Fruchtfleisch in Stücke schneiden. Walnüsse grob zerkleinern und mit den Fruchtstücken in den Mixer füllen. Obst und Nüsse im Mixer zu Püree verarbeiten.

2 Nach und nach Magermilch, Joghurt und Honig hinzufügen und mit dem Frucht-Walnuss-Püree vermengen. Zum Schluss mit Vanillearoma abschmecken.

3 Bananen-Orangen-Drink auf große Gläser verteilen. Orangenhälfte in 4 Scheiben schneiden und je 1 Orangenscheibe, 1 Walnusshälfte und 2 Minzeblättchen auf ein Holzspießchen stecken. Drinks damit garnieren und sofort servieren.

4 Ergibt 4 Drinks.

Tipp

Walnüsse sind eine der gehaltvollsten Quellen für Antioxidantien. Außerdem sind sie reich an mehrfach ungesättigten »guten« Fettsäuren, die das Herz schützen. Zusätzlich stellen sie eine wertvolle Proteinquelle dar: 50 g Walnüsse enthalten 8 g Eiweiß.

Zutaten:
4 EL Kokosraspel
1 l Sojakalziumdrink (z. B. von Alpro soya)
4 EL Vollrohrzucker
2 Limetten (unbehandelt)
1 Cantaloupe-Melone

Zubereitungszeit:
20 Min.

Nährwerte pro Drink:
280/1176 kcal/kJ
9 g EW
8 g F
35 g KH

Kokos-Melonen-Drink

1 Kokosraspel in einer Pfanne ohne Fett anrösten, bis sie duften. Etwas abkühlen lassen. Mit gekühltem Sojakalziumdrink und Zucker mischen, pürieren, kurz ziehen lassen und durch ein Sieb gießen.

2 1 Limette heiß waschen und in Scheiben schneiden, zweite Frucht auspressen. Melone vierteln und Kerne entfernen. Fruchtfleisch von der Schale lösen und klein schneiden. Melonenstücke in die Kokos-Soja-Mischung geben und pürieren. Mit Limettensaft abschmecken.

3 16 Eiswürfel im Icecrusher (oder in einem Gefrierbeutel mit einem Fleischhammer) zerkleinern und in Gläser füllen. Limettenscheiben an den inneren Rand der Gläser stecken. Melonen-Kokos-Drink eingießen und sofort servieren.

4 Ergibt 4 Drinks.

Tipp

100 g Sojabohnen decken 90 % des täglichen Kalium- und ca. 50 % des täglichen Magnesiumbedarfs eines Erwachsenen. Die Eisenkonzentration der Sojabohne ist so hoch, dass 100 g ca. 40 % des täglichen Bedarfs decken.

Zutaten:
1 reife saftige Birne
2 TL Zitronensaft
1 EL Haselnussmus
1 TL Ahornsirup
125 g Joghurt-alternative Natur (z. B. von Alpro soya)
Birnensaft zum Auffüllen
1 TL Haselnüsse
1 Stängel Zitronenmelisse

Nährwerte pro Drink:
490/2058 kcal/kJ
24 g EW
32 g F
27 g KH

Birnen-Joghurt-Drink

1 Birne schälen, halbieren, vom Kerngehäuse befreien und klein schneiden. Zitronensaft, Haselnussmus und Ahornsirup mit den Fruchtstücken in einen hohen Behälter geben. Alles mit dem Pürierstab (oder im Mixer) fein pürieren. Joghurtalternative unterrühren.

2 Püree in ein hohes Glas geben und mit Birnensaft auffüllen, umrühren. Haselnüsse grob hacken und über den Drink streuen. Zitronenmelisse abspülen, trocken tupfen, Blättchen vom Stängel zupfen und den Drink damit garnieren. Sofort servieren.

3 Ergibt 1 Drink.

Zubereitungszeit:
15 Min.

Tipp

Birnen regulieren die Darmtätigkeit und sind deswegen ein gutes Mittel gegen Verdauungsprobleme. Ihr großer Vorteil unter den Obstsorten: Der Gehalt an Fruchtsäure ist recht gering. Das verleiht ihnen nicht nur einen süßen Geschmack, sondern macht sie auch bekömmlich.

Buttermilchdrink mit Orange, Sanddorn und Zwieback

1 Zwieback in einen Frischhaltebeutel geben und mit einem Nudelholz fein zerkleinern.

2 Die Brösel mit Sanddornpüree, Orangensaft und Buttermilch gut verrühren und auf Gläser verteilen.

3 Nach Belieben mit Orangenzesten und Zitronemelisse garnieren.

4 Ergibt 4 Drinks.

Zubereitungszeit:
5 Min.

Zutaten:
2 Scheiben Zwieback
150 ml gesüßtes Sanddornpüree (Reformhaus)
150 ml Orangensaft, frisch gepresst
500 ml Buttermilch, gut gekühlt
Orangenzesten und Zitronenmelisse zum Garnieren

Nährwerte pro Drink:
153 kcal/640 kJ
6 g EW
4 g F
22 g KW

Fitness-Milch-Mix

Zutaten:
100 ml Möhrensaft
100 ml Apfelsaft
100 g Joghurt
100 ml Molke
100 g gemischte Nusskerne
2 EL Honig
Saft von 1 Zitrone

Nährwerte pro Drink:
455/1911 kcal/kJ
14 g EW, 28 g F, 37 g KH

1 Möhrensaft und Apfelsaft mit Joghurt und Molke im Mixer kurz pürieren. Die Nüsse fein hacken, anschließend mit dem Honig und dem Zitronensaft ebenfalls in den Mixer geben. Alles ca. 1 Minute fein pürieren.

2 Fitnessmix in Gläser verteilen, nach Wunsch je 1 Eiswürfel zugeben und frisch servieren.

3 Ergibt 2 Drinks.

Zubereitungszeit:
10 Min.

Herzhafter Milchdrink »Green Tiger«

Zutaten:
1 l Buttermilch
8 EL gemischte Kräuter (Schnittlauch, Petersilie, Dill, Kerbel, Kresse, Basilikum etc.), fein gehackt
Salz
weißer Pfeffer
Zitronensaft
Zucker
4 Radieschen

Zubereitungszeit:
15 Min.

Nährwerte pro Drink:
72/302 kcal/kJ
5 g EW
1 g F
10 g KH

1 Buttermilch, Kräuter, nach Belieben Salz, weißen Pfeffer, Zitronensaft und Zucker kräftig miteinander verquirlen.

2 Radieschen waschen und in dünne Stifte schneiden.

3 Mischung auf Gläser verteilen, Radieschenstifte darüberstreuen und servieren.

4 Ergibt 4 Drinks.

Zutaten:
150 g Heidelbeeren
2 EL Honig
2 EL Limettensaft
400 ml Buttermilch, gut gekühlt
Limettenzesten und Minze zum Garnieren

Zubereitungszeit:
5 Min.

Nährwerte pro Drink:
158/661 kcal/kJ
7 g EW
2 g F
27 g KH

Buttermilch-Heidelbeer-Drink mit Limettenzesten

1 Heidelbeeren kurz vorsichtig abspülen und gut abtropfen lassen. In einem hohen Gefäß zusammen mit Honig, Limettensaft und Buttermilch fein pürieren.

2 Den Drink nach Wunsch durch ein Sieb streichen, in Gläser füllen und mit Limettenzesten und Minzeblättchen garniert kalt servieren. Ergibt 2 Drinks.

Zutaten:
50 g Zucker
50 g Sesam
1 TL Honig
1 TL Butter
1 große Papaya
400 g Joghurt
1/2 l Maracujasaft oder -nektar
Zucker nach Belieben

Zubereitungszeit:
20 Min.

Nährwerte pro Drink:
245/1029 kcal/kJ
6 g EW
10 g F
30 g KH

Papaya-Joghurt-Drink

1 Zucker in einer kleinen beschichteten Pfanne hell karamellisieren, Sesam, Honig und Butter hinzugeben, kurz verrühren. Die Masse auf einem geölten Marmor oder auf Backpapier verstreichen und abkühlen lassen. Sobald der Krokant fest geworden ist, in kleine Stücke brechen.

2 Papaya halbieren und mit einem Löffel Kerne auslösen. Fruchtfleisch aus der Schale lösen, die Hälfte in kleine Würfel schneiden, die andere Hälfte zusammen mit dem Joghurt und dem Maracujasaft im Mixer pürieren. Je nach Geschmack und Reifegrad der Papaya mit Zucker süßen.

3 Joghurtdrink in Gläser füllen, mit Sesamkrokant und Papayawürfeln bestreuen und servieren.

4 Ergibt 4 Drinks.

Tipp

Während die unreife Papaya noch sehr herb schmeckt, hat die reife Frucht einen melonenartigen, sehr süßen Geschmack, wird aber oft, da Fruchtsäure fehlt, als leicht fade beurteilt. Die Papaya ist reich an Provitamin A, Vitamin B_2 und C.

Spinat-Kräuter-Drink

1 Spinat und Kräuter verlesen, waschen und trocken schütteln. Kräuter und Spinat klein hacken. Zitrone halbieren und auspressen, Saft mit Sojajoghurt und Mineralwasser vermengen. Joghurt-Wasser-Mix mit Spinat und Kräutern pürieren. Mit Salz und Pfeffer würzen.

2 Spinat-Kräuter-Mix auf Gläser verteilen und mit Dillstängeln garnieren.

3 Ergibt 4 Drinks.

Zutaten:
150 g frischer Blattspinat
je 1/2 Bd. glatte Petersilie, Schnittlauch und Dill
1 Zitrone
250 g Sojajoghurt Exotic
300 ml Mineralwasser
Jodsalz
Pfeffer aus der Mühle
einige Stängel Dill zum Garnieren

Zubereitungszeit:
10 Min.

Nährwerte pro Drink:
68/289 kcal/kJ
3 g EW
8 g F
10 g KH

Tipp

Spinat ist reich an Eisen, Kalium und Magnesium sowie Provitamin A, Vitamin B6 und Folsäure. Je dunkler dabei das Grün des Gemüses ist, desto mehr gesunde pflanzliche Nährstoffe enthält es. Diese können u. a. das Risiko für Herz-Kreislauf-Erkrankungen und Augenkrankheiten vermindern.

Ananasdrink mit Kefir

Zutaten:
1/2 Ananas
1 kleine Banane
1 Blutorange
300 ml fettarmer Kefir
2 TL Rosinen
2 TL Honig
1 Prise Zimt

Nährwerte pro Drink:
236/991 kcal/kJ
7 g EW, 1 g F, 46 g KH

1 Ananas längs halbieren, mittleren Strunk herausschneiden, Fruchtfleisch von der Schale lösen und in kleine Stücke schneiden. Banane schälen und in Scheiben schneiden. Blutorange halbieren und auspressen.

2 Ananasstücke, Banane, Orangensaft, Kefir und Rosinen pürieren. Mit Honig und Zimt abschmecken.

3 Frucht-Kefir-Mix in Gläser füllen, nach Wunsch mit Orangenstücken garnieren und sofort servieren.

4 Ergibt 2 Drinks.

Zubereitungszeit: 15 Min.

Vitamindrink »Green Power«

Zutaten:
1 Hand voll frisches Weizengras
1/2 Bd. Petersilie
100 g fettarmer Joghurt
1 TL Zitronensaft
Pfeffer, Salz
Petersilie zum Garnieren

Zubereitungszeit:
15 Min.

1 Weizengras und Petersilie waschen, trocken schütteln, grob zerkleinern und entsaften. Saft mit dem Joghurt in einer Schüssel verquirlen, mit Zitronensaft, Pfeffer und Salz abschmecken.

2 Drink in ein Glas füllen. Mit Petersilie garnieren. Sofort servieren. Ergibt 1 Drink.

Nährwerte pro Drink:
90/378 kcal/kJ
8 g EW, 1 g F, 12 g KH

Pfirsich-Vanille-Milch

Zutaten:
150 ml Vollmilch
1 Pfirsich
1 Vanilleschote
2 EL Instantflocken
1 Pfirsichspalte zum Garnieren

Nährwerte pro Drink:
178/749 kcal/kJ
7 g EW, 6 g F, 24 g KH

1 Milch in den Mixer geben. Pfirsich waschen, halbieren, Kern auslösen, Fruchtfleisch klein schneiden und zufügen. Vanilleschote halbieren, Mark auskratzen und zu den anderen Zutaten geben.

2 Mischung auf der höchsten Stufe im Mixer durchmischen.

3 Instantflocken einrühren, Mischung in ein Glas geben, Pfirsichspalte einschneiden, an den Glasrand stecken und sofort servieren.

4 Ergibt 1 Drink.

Zubereitungszeit: 10 Min.

Drinks mit Brottrunk, Kombucha & Tee

Früchtetee-Gewürz-Drink (Abb. S. 83)

Zutaten:
3 EL Früchtetee
2–3 Gewürznelken
1 Stange Zimt
Zucker zum Süßen
2 Orangen
1 Grapefruit
2 Limetten

Nährwerte pro Drink:
100 kcal/418 kJ
1 g EW, 0 g F, 21 g KH

1 Den Früchtetee mit Nelken und Zimtstange in einen Topf geben, 1 l kaltes Wasser zugeben und langsam erwärmen. Einmal aufkochen und 5 Minuten ziehen lassen.

2 In der Zwischenzeit die Zitrusfrüchte waschen halbieren und gründlich auspressen. Den Saft zum heißen Tee zufügen, erwärmen aber nicht mehr kochen und alles durch ein Sieb gießen.

3 Den Drink mit Zucker süßen und warm oder kalt genießen.

4 Ergibt 5 Drinks.

Zubereitungszeit:
15 Min.

Kombucha-Pfefferminz-Drink

Zutaten:
4 Stängel Pfefferminze
80 ml Mineralwasser
2 EL Zuckersirup
Saft von 1/2 Zitrone
Kombucha zum Auffüllen

Zubereitungszeit:
10 Min.

1 Einen Mixbecher zur Hälfte mit fein zerstoßenem Eis füllen. Pfefferminze waschen, trocken schütteln und grob hacken. Pfefferminze zum Eis geben, mit einem Stößel zerstoßen, mit Mineralwasser, Zuckersirup und Zitronensaft auffüllen und 1 Minute gut schütteln.

2 Pfefferminzmix in ein Glas abseihen und mit Kombucha auffüllen. Sofort servieren.

3 Ergibt 1 Drink.

Nährwerte pro Drink:
164/689 kcal/kJ
2 g EW, 0 g F, 37 g KH

Angel of Assam

Zutaten:
100 ml Schwarztee (Assam)
40 ml Maracujasirup
40 ml Grapefruitsaft
Minzeblättchen zum Garnieren

1 Schwarztee etwas stärker als üblich zubereiten, 4 Minuten ziehen lassen. 3 große Eiswürfel in ein Longdrinkglas geben, Maracujasirup und Grapefruitsaft darin verrühren. Heißen Tee aufgießen und umrühren, bis sich die Eiswürfel aufgelöst haben und das Getränk abgekühlt ist.

2 Drink in ein mit 2 Eiswürfeln gefülltes Glas geben, mit Minzeblättchen garnieren und sofort servieren.

3 Ergibt 1 Drink.

Zubereitungszeit:
5 Min.

Nährwerte pro Drink:
135/567 kcal/kJ
0 g EW, 0 g F, 32 g KH

Tipp

Assam ist das größte zusammenhängende Teeanbaugebiet der Erde und liegt in Nordostindien. Assamtee ist kräftig, voll, rund, malzig und hat eine dunkle, rotbraun leuchtende Tassenfarbe.

African Orange in Red

1 3/4 l Wasser erhitzen und Rooibostee African Passion kochen. Tee abkühlen lassen und im Kühlschrank weiter herunterkühlen.

2 Tee mit Orangensaft aufgießen und mit Grenadinesirup abschmecken. Drink in mit Eiswürfel gefüllte Gläser oder eine Karaffe füllen und sofort servieren.

3 Ergibt 4 Drinks.

Zubereitungszeit: 5 Min.

Zutaten:
5–6 Teebeutel Rooibostee African Passion
1/4 l Orangensaft
3 EL Grenadinesirup

Nährwerte pro Drink:
61/256 kcal/kJ
1 g EW
0 g F
13 g KH

Tipp

Rooibostee enthält Eisen, Fluor, Kupfer und Vitamin C. Zudem sagt man dem Tee antiallergische und krampflösende Wirkung nach.

Tomato-Joe (Abb. links)

Zutaten:
100 ml Tomatensaft
100 ml Brottrunk,
etwas frischer
Schnittlauch

Zubereitungszeit:
5 Min.

1 Tomatensaft mit Brottrunk verquirlen. Schnittlauch in Röllchen schneiden. Drink in ein Glas geben, nach Wunsch Eiswürfel zugeben. Schnittlauch unterrühren oder den Drink damit bestreuen.

2 Ergibt 1 Drink.

Nährwerte pro Drink:
21/88 kcal/kJ
1 g EW, 0 g F, 3 g KH

Gemüsebuttermilch mit Brottrunk (Abb. rechts)

Zutaten:
100 ml Buttermilch
2 TL Enzym-Ferment Getreide
50 ml Brottrunk
50 ml Gemüsesaft
Pfeffer
Salz
Knoblauchpulver

Zubereitungszeit:
5 Min.

Nährwerte pro Drink:
94/393 kcal/kJ
5 g EW
1 g F
15 g KH

1 Buttermilch mit Enzym-Ferment Getreide, Brottrunk und Gemüsesaft gut verquirlen. Mit Pfeffer, Salz und Knoblauchpulver pikant abschmecken.

2 Drink in ein Glas geben, nach Wunsch Eiswürfel zufügen. Sofort servieren.

3 Ergibt 1 Drink.

Tipp

Enzym-Ferment Getreide ist ein milchsäurehaltiges Produkt aus fermentiertem Vollkornbrot. Milchsäure unterstützt die Darmflora, die den Körper vor eindringenden Krankheitserregern schützt.

Zutaten:
3 Beutel Matetee, geröstet
2 Limetten
1 EL Honig

Zubereitungszeit:
10 Min.

Nährwerte pro Drink:
39/164 kcal/kJ
0 g EW
1 g F
5 g KH

Magic Mate

1 Matetee mit 1/2 l heißem Wasser nach Packungsanweisung zubereiten und im Eisschrank gut durchkühlen lassen. 1 Limette auspressen, die andere waschen und in dünne Scheiben schneiden.

2 Matetee, Limettensaft und Honig in den Mixer geben. Etwa die gleiche Menge zerstoßenes Eis zugeben und das Ganze gut durchmixen.

3 Mateteedrink in Kelchgläser gießen und mit Limettenscheiben garnieren. Sofort servieren.

4 Ergibt 4 Drinks.

Tipp

Matetee wird aus den trockenen Blättern und Zweigen des Ilex paraguariensis, einem in Südamerika beheimateten Stechpalmengewächs, hergestellt. Der Begriff Mate stammt vom Quechua-Wort »mati« ab, was den Becher bezeichnet, aus dem der Mate traditionellerweise getrunken wird.

Vitamindrink mit Brottrunk
(Abb. links)

Zutaten:
150 ml Gemüsesaft
100 ml Brottrunk
weißer Pfeffer
1 Cocktailtomate zum Garnieren

Zubereitungszeit:
5 Min.

Nährwerte pro Drink:
47/197 kcal/kJ
2 g EW, 0 g F, 8 g KH

1 Gemüsesaft mit Brottrunk verquirlen und mit Pfeffer pikant abschmecken.

2 Drink in ein Glas geben, mit der Cocktailtomate garnieren.

3 Ergibt 1 Drink.

Red Ruby (Abb. Mitte)

Zutaten:
100 ml Brottrunk
100 ml Rote-Bete-Saft
1 Prise Muskat

Zubereitungszeit:
5 Min.

1 Brottrunk mit Rote-Bete-Saft verquirlen und mit Muskat abschmecken.

2 Drink in ein Glas füllen. Kühl servieren.

3 Ergibt 1 Drink.

Nährwerte pro Drink:
44/184 kcal/kJ
2 g EW, 0 g F, 8 g KH

Bugs Bunny (Abb. S. 88 rechts)

1 Möhrensaft mit dem Brottrunk verquirlen und mit Honig abschmecken.

2 Drink in ein Glas füllen. Kühl servieren.

3 Ergibt 1 Drink.

Zubereitungszeit:
5 Min.

Zutaten:
100 ml Möhrensaft
100 ml Brottrunk
1 TL Honig

Nährwerte pro Drink:
62/259 kcal/kJ
2 g EW, 0 g F, 13 g KH

Cranberry-Kombucha-Cocktail

1 Limette heiß waschen, in Spalten schneiden, diese in Cocktailgläser geben, 2 EL Crushed Eis zugeben und mit einem Holzstößel leicht zerstoßen.

2 Apfelsaft, Kombucha und Cranberrymark mit 2 EL Crushed Ice in einen Shaker geben, kräftig schütteln, in die vorbereiteten Cocktailgläser abseihen, kurz verrühren. Mit Sternfruchtscheibe und Kirsche anrichten. Sofort servieren.

3 Ergibt 2 Drinks.

Zutaten:
1 Limette (unbehandelt)
80 ml Apfelsaft
200 ml Kombucha
80 ml Cranberrymark (Reformhaus)
je 2 Sternfruchtscheiben und Kirschen zum Garnieren

Zubereitungszeit:
10 Min.

Nährwerte pro Drink:
183/769 kcal/kJ
1 g EW
3 g F
32 g KH

Kirsch-Brottrunk-Mix (Abb. links)

Zutaten:
100 ml Brottrunk
100 ml Kirschsaft

Zubereitungszeit:
5 Min.

Nährwerte pro Drink:
61/255 kcal/kJ
1 g EW, 0 g F, 13 g KH

1 Brottrunk mit Kirschsaft gut vermischen.

2 Drink gekühlt oder mit Eiswürfeln in ein hohes Kelchglas geben. Sofort servieren.

3 Ergibt 1 Drink.

Pfirsich-Brottrunk-Mix (Abb. rechts)

Zutaten:
100 ml Brottrunk
1/8 l Pfirsichnektar

1 Brottrunk mit Pfirsichnektar vermischen. Drink gekühlt in einem Kelchglas servieren.

2 Ergibt 1 Drink.

Zubereitungszeit: 5 Min.

Nährwerte pro Drink:
73/305 kcal/kJ
1 g EW, 0 g F, 16 g KH

Grashüpfer

1 Spinat verlesen, waschen, trocken schütteln und in den Mixer geben.

2 Tee und Joghurt zugeben und alles fein pürieren. Mit Olivenöl und Kräuterlingen abschmecken.

3 Drink in Gläser füllen, nach Wunsch Eiswürfel zugeben und mit Minze garnieren. Sofort servieren.

4 Ergibt 2 Drinks.

Zubereitungszeit: 10 Min.

Nährwerte pro Drink:
90/378 kcal/kJ
3 g EW, 7 g F, 4 g KH

Zutaten:
50 g frischer junger Spinat oder glatte Petersilie
1/4 l kalter Pfefferminztee
150 g Vollmilchjoghurt
1 TL Olivenöl
1 TL Kräuterlinge »Frühlingskräuter« (z. B. von Knorr)
Minzestängel zum Garnieren

Kirsch-Kombucha-Mix

Zutaten:
200 ml Kirschsaft
1 Spritzer Zitronensaft
1/2 TL Honig
Kombucha
1 Maraschinokirsche zum Garnieren
Muskat, frisch gerieben

Zubereitungszeit:
5 Min.

1 Kirschsaft, Zitronensaft, Honig und 2–3 Eiswürfel in einen Mixbecher geben. Gut schütteln.

2 Kirschmix in Gläser abseihen, anschließend mit Kombucha auffüllen. Mit einer Maraschinokirsche verzieren, etwas Muskat darüberreiben und sofort servieren.

3 Ergibt 2 Drinks.

Nährwerte pro Drink:
108/454 kcal/kJ
1 g EW, 0 g F, 24 g KH

Healthcup

Zutaten:
100 ml naturtrüber oder frisch entsafteter Apfelsaft
50 ml Holundersaft
100 ml Brottrunk

Zubereitungszeit:
5 Min.

1 Apfel- und Holundersaft mit dem Brottrunk gut vermischen.

2 Drink gut gekühlt oder mit Eiswürfeln servieren.

3 Ergibt 1 Drink.

Nährwerte pro Drink:
68/285 kcal/kJ
1 g EW, 0 g F, 14 g KH

Zutaten:
5–6 Beutel Rooibostee African Passion
1/4 l Bananennektar
150 ml Maracujanektar
3 EL Kokossirup

Zubereitungszeit:
10 Min.

Nährwerte pro Drink:
93/391 kcal/kJ
1 g EW
0 g F
22 g KH

African Passion

1 Mit 600 ml heißem Wasser Rooibostee African Passion kochen. Tee abkühlen lassen und im Kühlschrank weiter herunterkühlen. Mit Bananennektar und Maracujanektar mischen und mit Kokossirup abschmecken. Auf Eis servieren.

2 Ergibt 4 Drinks.

Himbeer-Schwarztee-Mix

Zutaten:
400 g Himbeeren
3 EL brauner Zucker
Saft und Schale von 1/2 Zitrone
4 TL schwarzer Tee
Mineralwasser zum Auffüllen
4 Zitronenscheiben zum Garnieren

Zubereitungszeit:
15 Min.

1 Himbeeren kurz unter fließendem kaltem Wasser abbrausen. Die gut abgetropften Beeren klein schneiden, mit braunem Zucker und Zitronensaft sowie -schale im Mixer pürieren. In Eiskugelbeutel füllen und in den Gefrierschrank geben.

2 Schwarzen Tee in einen Teefilter geben und mit 3/8 l heißem Wasser übergießen. Ca. 5 Minuten ziehen lassen.

3 Je 2 Eiswürfel in hohe Gläser geben, den Tee darübergießen und mit Mineralwasser auffüllen. Je 1 Zitronenscheibe an den Glasrand stecken und sofort servieren.

4 Ergibt 4 Drinks.

Nährwerte pro Drink:
87/365 kcal/kJ
1 g EW, 0 g F, 17 g KH

Kirsch-Malve-Getränk

Zutaten:
2 Beutel Malventee
1/2 l Sauerkirschnektar
Kirschen, Pfefferminzblättchen zum Garnieren

Nährwerte pro Drink:
77/323 kcal/kJ
0 g EW
0 g F
18 g KH

1 1/2 l Wasser zum Kochen bringen, Teebeutel ca. 5 Minuten darin ziehen lassen, Beutel herausnehmen. Den Tee abkühlen lassen, im Kühlschrank weiter herunterkühlen.

2 Kalten Tee mit Kirschnektar gut verrühren. Getränk auf mit je 2 Eiswürfeln gefüllte große Gläser verteilen. Mit Kirschen sowie Pfefferminzblättchen garnieren und sofort servieren.

3 Ergibt 4 Drinks.

Zubereitungszeit:
5 Min.

Birnen-Himbeer-Kombucha-Drink

Zutaten:
200 g Himbeeren
100 ml Birnensaft
100 ml Kombucha
Mineralwasser zum Auffüllen
2 Stängel Zitronenmelisse zum Garnieren

1 Himbeeren waschen und verlesen. Früchte mit dem Birnensaft und Kombucha im Mixer gut mischen.

2 Drink in Gläser geben, mit Mineralwasser auffüllen, gut umrühren. Mit Zitronenmelisse garnieren und sofort servieren.

3 Ergibt 2 Drinks.

Zubereitungszeit:
15 Min.

Nährwerte pro Drink:
104/437 kcal/kJ
2 g EW, 1 g F, 21 g KH

Traubenglut

Zutaten:
2 Beutel Schwarztee
100 g Frucht- oder Traubenzucker
1/2 l roter Traubensaft
Saft von 1 Zitrone

1 1/2 l Wasser zum Kochen bringen, Teebeutel ca. 4 Minuten darin ziehen lassen, Beutel herausnehmen. Zucker in einem Topf karamellisieren lassen, mit dem Tee ablöschen. Unter ständigem Rühren den Zucker auflösen, Getränk kalt stellen.

2 Trauben- und Zitronensaft zur Zucker-Tee-Mischung geben und gut verrühren. Drink in mit 2 Eiswürfeln gefüllte Gläser füllen und sofort servieren.

3 Ergibt 4 Drinks.

Zubereitungszeit:
15 Min.

Nährwerte pro Drink:
204/857 kcal/kJ
1 g EW, 0 g F, 47 g KH

Register